DeROSE

∴

MÉTODO PARA UM

BOM RELACIONAMENTO AFETIVO

ANÁLISE E PONDERAÇÕES A RESPEITO DA RELAÇÃO AMOROSA NA SOCIEDADE MODERNA.

SOB O SELO EDITORIAL

EGRÉGORA

Senhor Livreiro,

Sei o quanto o seu trabalho é importante e que esta é a sua especialidade. Por isso, gostaria de fazer um pedido fundamentado na minha especialidade: este livro não é sobre autoajuda, nem terapias e, muito menos, esoterismo. Não tem nada a ver com Educação Física nem com esportes.

Assim, agradeço se esta obra puder ser catalogada como **Comportamento**.

Grato,

O Autor

As páginas deste livro foram impressas em papel reciclado. Embora seja mais caro que o papel comum, consideramos um esforço válido para preservar as árvores e o meio ambiente. Contamos com o seu apoio.

Impresso no Brasil/***Printed in Brazil***

COMENDADOR

DeROSE

Professor Doutor *Honoris Causa* pelo Complexo de Ensino Superior de Santa Catarina
Comendador pela Secretaria de Educação do Estado de São Paulo, Núcleo MMDC Caetano de Campos
Comendador pela Ordem do Mérito Farmacêutico Militar, do Exército Brasileiro
Comendador pela The Military and Hospitaller Order of Saint Lazarus of Jerusalem
Chanceler da Sociedade Brasileira de Heráldica e Humanística
Grã-Cruz Heróis do Fogo, pelo Corpo de Bombeiros do Estado de São Paulo
Membro do CONSEG – Conselho de Segurança dos Jardins e da Paulista
Membro da ADESG – Associação dos Diplomados da Escola Superior de Guerra
Laureado pelo Governo do Estado de São Paulo, OAB, Justiça Militar da União,
Polícia Militar, Polícia Técnico-Científica, Exército Brasileiro, Defesa Civil, ABFIP ONU etc.

MÉTODO PARA UM

BOM RELACIONAMENTO AFETIVO

ANÁLISE E PONDERAÇÕES A RESPEITO DA ESTIMULANTE RELAÇÃO ENTRE HOMEM E MULHER NA SOCIEDADE MODERNA.

DeROSE
METHOD

Vídeos na Fan Page – https://www.facebook.com/professorderose
youtube.com/metododerose
http://derosemethod.org/blogdoderose
https://www.instagram.com/professorderose

Al. Jaú, 2000 - São Paulo SP - tel. (+55 11) 3081-9821

Paris – London – New York – Roma – Madrid – Barcelona – Buenos Aires – Lisboa – Porto – Rio – São Paulo

4ª. edição - 2019

Pedidos deste livro podem ser feitos para:
DeRose Editora – Alameda Jaú, 2000 – CEP 01420-002, São Paulo, SP – Brasil
Ou para egregorabooks.com

Desejando adquiri-lo diretamente da editora, escreva para secretaria@derosemethod.org ou telefone para (00 55 11) 3081-9821 ou 99976-0516.

Capa: Carlos H. T. Bonafé
Produção Gráfica: Egrégora
Revisão: Vênus Santos
Book designer: DeRose
Produção gráfica: DeRose Editora
Realização gráfica: Office

A Editora não responde pelos conceitos emitidos pelo autor.

Dados Internacionais de Catalogação na Publicação

D278 **De Rose, 1944-**
Método para um bom relacionamento afetivo : análise e ponderações a respeito da estimulante relação entre homem e mulher na sociedade moderna / Comendador DeRose. – 4. ed. – São Paulo : Egrégora, 2017.
96 p. : il. color.

ISBN: 978-85-62617-61-4

1. Comportamento humano. 2. Qualidade no relacionamento conjugal. 3. Relações humanas. 4. Inteligência social. 5. Casais. 6. Casamento. 7. Aconselhamento sexual. I. Título.

CDD (23. ed.): 302

Maria Emília Pecktor de Oliveira
Bibliotecária – CRB-9/1510

Índice Geral

O homem adora obedecer a uma mulher
que dá a ele a impressão de que ele é quem manda.
DeRose

POR QUE ESTE LIVRO FOI IMPRESSO EM PAPEL RECICLADO

Quando penso nos milhares de livros, jornais e revistas que são impressos todos os dias, muitos dos quais não têm a menor relevância e que vão para o lixo comum sem sequer poder ser reaproveitados, não posso deixar de imaginar a quantidade de árvores abatidas inutilmente.

Qualquer pessoa com um mínimo de consciência ambiental preocupa-se com a destruição das florestas para a produção de papel (ainda que elas tenham sido plantadas para esse fim). Mas não são só as árvores. Na produção industrial do papel, consome-se água, poluem-se os rios, suja-se o ar, gasta-se energia e contribui-se para o aquecimento global. O próprio solo, do qual são retiradas as árvores, deixa de receber de volta os elementos nutritivos que foram extraídos dele para o crescimento da madeira, agora retirada do seu local de origem e levada aos milhões de toneladas para as indústrias.

Reciclar é preciso. Trata-se de um indício seguro de civilidade e constitui a única saída para um planeta superpovoado, poluído e padecendo de uma crescente escassez de recursos naturais.

Por isso mesmo, deixa-nos perplexos que escritores inteligentes e bem-intencionados não tenham utilizado até agora o papel reciclado em seus livros. E não o utilizam porque no presente momento em que publicamos esta obra o reciclado é mais caro do que o papel comum.

Não importa se o custo de edição vai me sair mais caro. Meus leitores fazem parte de uma tribo engajada, responsável, com a consciência de que vale a pena um pequeno esforço de cada um em prol da proteção ambiental, em benefício de todos.

Temos a certeza de que outros autores e editoras seguirão o nosso exemplo e logo passarão a imprimir suas obras com papel reciclado, poupando milhares de árvores.

DeRose

APRESENTAÇÃO

Nestes últimos cinquenta anos, assim como todo o mundo, tive um número razoável de relacionamentos. Quase todos foram felizes e bem-sucedidos. Muitos deles, quando transcendidos, resultaram em fortes amizades que já duram décadas. Considero, portanto, que estou consideravelmente qualificado para dissertar sobre o tema, tanto pela minha idade, quanto pela experiência adquirida.

Em cada relacionamento aprendi alguma coisa a mais para me reeducar como homem e como companheiro. Ninharias, mas que podem abalar ou consolidar um casamento. Em um dos primeiros relacionamentos, ainda jovem, aprendi a não me enxugar fora do box a fim de não alagar tudo. Noutro, aprendi a só cortar as unhas no banheiro. Noutro, aprendi a escutar. Noutro, a ter compreensão com a TPM: Aprendi a dar espaço. Aprendi a ceder. E um monte de coisas mais.

Juntando tudo, hoje sou uma pessoa muito melhor do que eu era aos vinte anos de idade[1]. Está na hora de compartilhar o que aprendi com os demais.

A grande questão é que ninguém nos ensinou a namorar e casar. Nem mesmo nossos pais conseguiram nos ensinar isso, porquanto, na maior parte das vezes, eles próprios não sabiam. No colégio, menos ainda. Ninguém nos ensinou a administrar um relacionamento ou a ser felizes.

Quase todos aprendemos mal e porcamente com os coleguinhas mais velhos, com os filmes e novelas. Ou seja, aprendemos tudo errado.

---

1 A ironia da vida é que quando nós aprendemos o suficiente para começar a viver, já estamos no final do segundo tempo. Esperemos que haja prorrogação.

Aprendemos que o relacionamento afetivo deve ser tratado como um cabo de guerra em que cada qual precisa puxar para o seu lado, extrair o máximo e ceder o mínimo. Mas essa não é a fórmula do sucesso. Para construir um bom relacionamento afetivo e preservá-lo por muitos anos, é necessário ofertar o máximo de si, ceder tudo o que puder e não fazer cobranças.

O intuito deste trabalho é procurar ajudar os casais – tanto os jovens quanto os não tão jovens – a superar suas dificuldades e melhorar seu relacionamento. Não sou a favor de doutrinar, mas sim de esclarecer e romper paradigmas. Espero aqui apenas fornecer dados e informações para que cada um decida o que é melhor para si e possa constatar que a forma convencional não é, necessariamente, a melhor maneira de realizarmos algo. A grande contribuição que espero poder oferecer é a de fazer com que as pessoas sejam mais felizes a partir da descoberta de que não deve haver uma única forma de relacionamento afetivo e sim de que cada ser humano deve ser livre para viver como quiser, desde que haja respeito e que sua opção não prejudique ninguém.

A foto acima foi tirada durante um almoço na nossa casa, em outubro de 2016. Estamos presentes: minha mulher, Lívia DeRose e eu; Fernanda Neis, minha ex-mulher, com seu marido Nuno Cramês; e Vanessa de Holanda, minha ex anterior, com seu marido Bruno Sousa. Sou muito grato a todos eles, por me ajudarem mudar o mundo. Essa é a nossa realidade. Essa civilidade é o que queremos ensinar para enriquecer as boas relações humanas, boas maneiras, elegância e fidalguia, atitudes professadas pelos que fazem parte do nosso *lifestyle*. Ao fundo, nossa filhota Jaya, uma *Canis sapiens* vegetariana.

Sucesso nos casamentos e eventuais descasamentos

Não me canso de repetir: sucesso não é ganhar dinheiro. Isso é a consequência do sucesso. Então, vamos tratar de cultivar o sucesso nas demais áreas da nossa vida, como, por exemplo, nos casamentos e descasamentos.

Casamentos têm prazo de validade, mas um ex é para sempre! Terminar um relacionamento e romper com o parceiro ou parceira é, por si só, uma violência emocional que devasta a alma das duas partes. Muitas vezes, devasta também as finanças de ambos. Frequentemente, afeta outras pessoas como filhos e amigos. O amor é substituído pelo ódio. "*Ex bom é ex morto*!", dizem alguns. Os amigos dela agora devem tornar-se inimigos dele e vice-versa? O que fazer com o patrimônio? Como agir ao encontrar o ex num restaurante? E se você estiver com seu novo parceiro e ele ou ela também?

Então, aprende aí.

Meus casamentos foram quase todos bem-sucedidos, pois a amizade foi preservada mesmo depois que o prazo de validade expirou. Quando meu casamento com a Vanessa de Holanda foi sublimado, continuamos trabalhando juntos e comprei um apartamento para ela morar perto da escola do DeRose Method Leblon, na Rua Dias Ferreira. Deixei-a com o meu cartão de crédito por alguns anos, o qual ela nunca usou, mas ficou feliz pela demonstração de confiança. Por mais uns dez anos, continuei pagando seu seguro saúde. Nesse meio tempo me casei com a Fernanda Neis. As duas conviveram com civilidade. Vanessa se casou com o Bruno Sousa, que foi agregado à família e se tornou meu amigão.

DeRose com a esposa atual e duas ex
na Escola do DeRose Method do Leblon, no Rio.

E minha (ex-)sogra? Continuo chamando Áurea de mamãe, ela continua me tratando com tanto carinho que me comove. Creio que passou a gostar mais de mim quando viu a maneira como ocorreu a nossa "separação". Mais de dez anos depois, recebi este mimo da Vanessa e da mamãe:

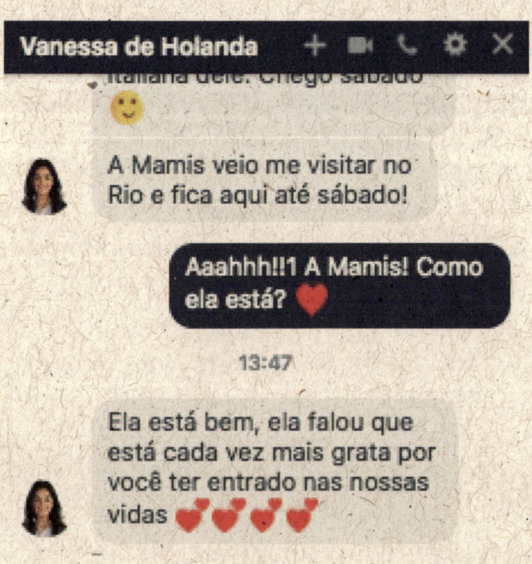

Casei-me com a Fernanda Neis e permanecemos juntos por muitos anos felizes, plenos de carinho, respeito, companheirismo e... produtividade!

Tempos depois, ocorreu a sublimação do *status* conjugal com a Fernanda. Continuamos morando juntos, em quartos separados, mas nos tratando com todo o carinho que o nosso afeto merecia. Depois eu me casei com a Lívia e a Fernanda com o Nuno. Novamente, em vez de rupturas, tivemos a alegria de incorporar os dois ao nosso núcleo familiar. Nuno se tornou meu amigalhaço. Moramos juntos por um tempo na mais louvável civilidade. Depois, Fernanda e Nuno mudaram-se para New York, a fim de tocar uma das nossas escolas do DeRose Method daquela cidade. Lá, montaram um apartamento com um quarto para mim e para Lívia. Viajamos três vezes por ano para Manhattan e moramos uns meses com eles. Quando vêm ao Brasil, eles ficam morando conosco. Fernanda continua administrando minhas finanças e permanece com meu cartão de crédito. Cada um ajuda o outro. Com isso, todos ganhamos. Em 2019, os pais da minha ex, Fernanda, vieram morar uns tempos comigo e com a Lívia. Uns queridos!

Minha mulher, Lívia DeRose, me confidenciou que resolveu se casar comigo quando viu como eu tratava as minhas ex. Logo no início do nosso relacionamento ela percebeu que eu estava morando na casa de uma ex e deu de cara com a outra ex que fora passar um fim de semana em São Paulo e ficara hospedada conosco. E pensou: "escolhi o homem certo."

Então, além de ganhar amigos e de ganhar prosperidade, ganhei também um casamento. E ainda ganhei olhares de admiração das amigas da Lívia, a quem ela conta esta história com orgulho sadio. Ah! E ganhei mais uma sogra maravilhosa!

Quanto aos novos maridos das minhas ex, eles são meus *brothers-in-law*. Ou deveria chamá-los "*husbands-in-law*"?

A FELICIDADE

*Felicidade ou infelicidade são **efeitos** ilusórios de **causas** relativas à condição imediatamente anterior.*
DeRose

Basta ver alguém chorando e podemos apostar que a pessoa em questão está nesse lamentável estado emocional justamente por causa de quem deveria ser a fonte da sua felicidade. Então, há algo errado aí. Há algo equivocado no conceito de relacionamento afetivo.

Tudo o que buscamos é a felicidade. No entanto, nada pode ser mais contrário à felicidade que os constantes embates entre parceiros afetivos, os quais se verificam em praticamente todos os relacionamentos.

As rusgas entre amantes, namorados ou cônjuges estão entre os conflitos que mais geram desgastes vitais. Se você tiver um desentendimento com um amigo ou colega de trabalho, poderá ficar aborrecido, decepcionado, revoltado. Mas não se sentirá tão miserável, abandonado, solitário e carente quanto se essa desinteligência tivesse sido com a pessoa que você ama.

O que mais compromete o desempenho profissional e destrói carreiras, o que mais causa cânceres, úlceras e enfartes, o que mais induz cidadãos pacatos à criminalidade passional, são as brigas de casais. Será que conseguiremos uma fórmula que atenue esse panorama? Ainda que não fosse uma receita infalível, mas que apenas amenizasse nosso desespero, já seria justificável que fizéssemos uma tentativa.

Parece-nos que o componente mais dramático do relacionamento afetivo é o cerceamento da liberdade. Não é à toa que o termo "*esposa*" em espanhol significa *algemas*. Contudo, não é só o homem que se sente algemado pelo enlace afetivo. A mulher é até mais vitimada pelas convenções sociais, afinal, vivemos numa sociedade patriarcal, que se caracteriza pela restrição da liberdade.

É preciso que preservemos a liberdade, o nosso bem mais precioso. Entretanto, parece estar implícito que para nos relacionarmos afetivamente com alguém, precisaremos abrir mão da nossa liberdade. Isso não está certo.

Mas, como usufruir da nossa liberdade sem magoar o outro? Como conceder liberdade ao outro sem nos violentarmos? É isso que vamos tentar descobrir durante o desenrolar deste livro.

O CASAMENTO

Casamento deveria ser um dueto, não um duelo.
DeRose

Quase todo o mundo adquire, já na infância, uma fixação cultural pela instituição do casamento. Assim, mais cedo ou mais tarde, a maior parte das pessoas acaba se casando, seja formal ou informalmente. Ainda quando um não quer, o outro acaba conseguindo. Há um pensamento que diz que "*quando um não quer, dois não brigam*". Contudo, há um outro que sentencia: "*mas quando um quer...*"

O mesmo aplica-se ao casamento. Quase sempre é o homem que não quer maiores compromissos, porém, as mulheres movem montanhas para conseguir o que desejam. Claro que há exceções dos dois lados, no entanto, você não vê homens declarando publicamente "Ah! O meu ideal de vida é casar e ter filhos". Será que isso se deve a causas culturais? Será biológico? Não importa. O fato é que esse comportamento é observado. Precisamos respeitar a decisão das mulheres que não querem se casar ou ter filhos.

A desculpa de que algumas pessoas fazem-no para não ficar sozinhas não convence ninguém, já que a solidão a dois é a pior. No filme *Um caminho para dois* (*Two for the road*), o jovem Albert Finney pergunta à adolescente Audrey Hepburn: "Por que pessoas casadas não conversam uma com a outra?". Trata-se de uma comédia romântica muito bem feita, que documenta três fases na vida de um casal. A primeira, quando ainda jovens, namorando. A segunda, quando casados há pouco tempo. A terceira, quando já o casamento tinha uns bons anos. Pareciam três histórias distintas, protagonizadas por três casais diferentes. Depois, o diretor do filme embaralhou as cenas e editou tudo alternadamente. O resultado foi um portento da filmografia e da psicologia do matrimônio. Todo o mundo deveria assistir a esse documento antes (ou mesmo depois) de fazer besteira.

Então, por que as pessoas se casam? Por lavagem cerebral[2]. Afinal, nem cogitam se há outra opção de relacionamento fora daquele modelo único que a sociedade vigente nos impõe.

Não deveríamos casar-nos? Como seria o mundo, a sociedade, a família? Um caos! Há quem opine que o melhor é não casar, mas não conseguimos escapar dessa maravilhosa e, ao mesmo tempo, aterradora experiência. Por isso, os anglo-saxões, que sabidamente têm o estômago fraco, muitas vezes, vomitam nas cenas dos filmes quando está chegando a hora do enlace.

Você já notou que quando está acasalado (de *acasalar = formar casal*), mesmo num simples namoro, os amigos não o convidam tanto para sair? É como se afastassem-se polidamente para "não atrapalhar". Fora isso, ainda há um bom número de casais que se fecham em copas e passam a declinar os convites dos amigos – convites esses que já não são tantos. O resultado disso é que o casal vai-se isolando por vontade própria e/ou vai sendo isolado por discrição dos demais.

No entanto, quando você se descasa ou fica sem parceiro(a) os amigos, muitas vezes, retornam e começam a convidá-lo(a) outra vez. Parece, portanto, que há uma conspiração para que os casais fiquem sós, a saturar-se um ao outro com um excesso de invasão do espaço vital[3]. Isso acaba resultando mal.

O que fazer? Descasar-se? Jamais, se for possível evitar! O desgaste de um final de relacionamento, mais ainda de um casamento, compensa qualquer esforço para evitar o rompimento. Então, o quê? Bem, podemos repensar o modelo de relacionamento.

---

2 "Hey! Teacher! Leave them kids alone!" (Pink Floyd, "*The Wall*".)

3 Leia o capítulo *A teoria do espaço vital*, no livro ***Método de Boas Maneiras***, deste autor.

Por outro lado, se for mesmo necessário descasar-se, que isso seja feito na hora certa e da maneira certa.

Mas qual seria a alternativa para o casamento?

Quando duas pessoas tomam a decisão de casar-se da forma convencional, elas estão declarando ao Senhor Feudal: "Nós concordamos que Vossa Excelência se meta na nossa vida amorosa e dite as regras – as suas regras – que vão reger o nosso relacionamento; e também que interfira quando quisermos separar-nos, impondo restrições, burocracias e custas advocatícias. Nós concordamos porque nada mais somos do que plebeus e vassalos de Vossa Senhoria."

Naquela época obscurantista, se dois jovens quisessem contrair matrimônio, tinham que pedir a autorização do Senhor do Feudo. Ele poderia permitir ou negar a solicitação.

Hoje, quando dois jovens vão ao cartório e cumprem todas as exigências, apresentam documentos, publicam os proclamas com a devida antecedência, pagam as taxas, sentam-se diante de um Juiz e ouvem e concordam com as advertências, esses dois jovens contemporâneos estão repetindo, por inércia, a tradição feudal.

Todos esperam que dure para sempre. Mas raramente dura. Na hora da separação o Senhor Feudal assume os direitos que o casal lhe conferiu ao aceitar casar-se sob suas regras. E tome complicação, despesas, advogados. O Estado organizou aquelas regras justamente para dificultar as separações, a fim de que as famílias permanecessem íntegras. E tinha razão ao fazê-lo.

Sobre os conflitos criados pelo *establishment* na hora da separação, assista ao importante documento cinematográfico *Kramer versus Kramer*, com Dustin Hoffman e Meryl Streep. Quando decidiram separar-se, eles se amavam e se respeitavam. Só que aí entra a máquina jurídica. Cada qual contrata seu respectivo advogado e a partir de então começa um processo litigioso (o litigioso é mais lucrativo para o Sistema do que o divórcio amigável). Ambos são induzidos a se agredir e, durante um período, tornam-se inimigos, manifestando profundo ressentimento recíproco.

Contudo, existem alternativas. O Pacto Antenupcial (ou pré-nupcial) firmado antes do enlace, estabelece condições particulares que interessam ao casal, independentemente das praxes da lei. Atualmente, com o novo Código Civil Brasileiro, temos uma opção ainda melhor. Trata-se do Contrato de União Estável. Ele sempre existiu, mas agora está mais institucionalizado.

No lugar de um casamento convencional, com cartório e Juiz de Paz, burocracia e certidão de casamento, o casal contrata um advogado especializado em área de Família e redige um Contrato de União Estável com as condições que convierem a ambos. No dia em que quiserem se separar, basta rescindir o contrato, observando as cláusulas previstas para esse momento. Pronto! Simples e seguro[4].

Esse Contrato de União Estável tem todas as vantagens do casamento convencional e nenhum dos inconvenientes. Inclusive, é recomendável fazer o dito documento sempre que um simples namoro já tiver comemorado algum tempo de estabilidade, mesmo que os pombinhos morem em casas separadas.

Se não fizerem o Contrato de União Estável, em pouco tempo de namoro descomprometido qualquer um dos dois pode requerer reconhecimento legal de todos os direitos conjugais. O rapaz pode declarar que está desempregado, ou que ganha mal para se sustentar e a namorada vai ter que pagar a ele uma pensão!

---

4 Bem, só será simples se for com separação total de bens, mesmo os adquiridos no transcorrer do relacionamento. Caso contrário, além de pagar ao advogado para rescindir o contrato, o casal vai precisar contratar peritos para avaliar tudo o que os dois tiverem adquirido durante o período em que permaneceram juntos. A partilha de bens é um levantamento tão trabalhoso quanto o inventário de herança. A solução parece ser a de casar-se com separação total de bens e comprar um imóvel ou automóvel no nome dela, outro no nome dele e ir repetindo essa alternância com bens de valor aproximado. Na hora do desenlace é só cada qual ficar com os seus imóveis, veículos etc. Assim, não precisam pagar o famigerado Imposto de Transmissão de Imóveis, de 2% a 4%. Imagine se o conjunto dos bens chegar a dez milhões, serão entre R$ 200.000 e R$ 400.000 de Imposto de Transmissão. Daria para comprar um apartamento só com os impostos!

COM QUEM COMEÇAR UM RELACIONAMENTO?

Antes de começar um relacionamento afetivo
leve em conta como foi que terminou o anterior
da pessoa pretendida.
DeRose

Se a pessoa pretendida terminou o relacionamento anterior de forma turbulenta, truculenta, criou escândalos, gerou constrangimentos em outras pessoas, gritou, insultou, ameaçou e, quem sabe, cumpriu as ameaças e prejudicou o seu ou a sua "ex", cuidado! Essa pessoa vai fazer a mesma coisa com você.

– Ah, não! Comigo vai ser diferente...

Por que com você vai ser diferente? Você é um *alien*? Se você é um homem ou mulher e se a outra pessoa também é, ambos tendem a repetir padrões.

Assim, a melhor forma de escolher o parceiro ou parceira é saber como foi que essa pessoa terminou o relacionamento anterior. Isso nos dirá muito sobre a educação do(a) pretendido(a), sobre seu equilíbrio emocional, sobre suas eventuais neuroses, psicoses, sociopatias.

Eu não quero me relacionar com uma pessoa que me faça um candidato potencial a protagonista do roteiro de *Psicose*, do Hitchcock.

Há outro recurso muito prático que é observar como o seu príncipe ou princesa trata as demais pessoas. Com você, é um anjo de ternura, mas trata mal os demais? Humm... Sei. No dia em que algo não correr bem entre os pombinhos, é possível que você seja a próxima vítima!

A pessoa com quem você "fica" hoje
determina a qualidade de com quem você ficará no futuro.
DeRose

O DESCASAMENTO

Tudo é uma questão de *timing*. Para tudo há um momento mágico. É preciso saber identificá-lo. Há um momento para se casar e há um momento para se descasar. Se você conseguir identificar e usar esse momento, sua vida será coroada de alegrias e de felicidade.

Conhecemos um pensamento popular que diz: "quem pensa, não casa". É verdade. Se for pensar muito, deixará passar o momento certo e não se casará mais. Para o descasamento é a mesma coisa. No primeiro caso, talvez você perca a pessoa mais maravilhosa da sua vida. No segundo, é possível que perca a coragem e não tome a decisão de transformar a sua relação de casal em algo, quem sabe, ainda mais bonito.

Temos o reflexo de que o descasamento precisa ser algo ruim e sofrido. Mas não precisa ser assim. Conhecemos inúmeros exemplos felizes de mudança de *status* afetivo, nos quais os dois "ex" continuam amigos. Se a transcendência for bem realizada, tornam-se *amigos-mais-do-que-irmãos*[5], pois a pessoa que já viveu com você conhece seu "ex" mais do que qualquer outra pessoa no mundo! Conhece seus valores, suas qualidades e seus defeitos.

---

[5] **Mensagem emocionante que me foi enviada por uma "*amiga-mais-do-que-irmã*":** *"Hoje, 24 de fevereiro de 2013 faz 43 anos que entrei pela porta que contribuiria para uma grande mudança em minha vida. De fato eu estava buscando uma mudança, queria valores diferentes daqueles com que estava habituada a conviver. [...] E, tudo começaria quando, ao retornar pela terceira vez, uma porta se abriria à minha frente, com um som agradável, um aroma delicioso e uma vibe da maior qualidade. [...] Existem situações em nossas vidas que tomam uma dimensão maior do que a princípio nos propusemos. Eu só queria praticar [...]. Porém, como que num ato de pura magia, nossas energias se encaixaram, como se fosse um encontro marcado e esperado durante todos os anos da nossa existência. Acho que hoje, o que aprendi de mais importante é que a vida pode dar a volta que der, mas, quando o que sentimos é verdadeiro, esse sentimento permanece mais forte que o tempo, como também mais forte que as intempéries da vida. Estou falando de afeto. Afeto que flui, afinidade e carinho entre as pessoas, amor incondicional. Queria dividir com você, o real significado desses 43 anos, que creio, permanecem pelo respeito e pela imparcialidade que fazem parte dos seres humanos que somos. Um carinho especial a você por hoje e, que venham 53, 63, 73 por aí afora de anos dignos de serem celebrados."* Eliane Lobato.

LEMBRE-SE DE QUE UM "EX" É PARA A VIDA TODA

O caminho mais garantido para o divórcio é o casamento.
DeRose

Esposa ou marido costumam ter prazo de validade. Mas ex-mulher e ex-marido são para o resto da vida. Este é o espírito da nossa política de boa vizinhança com projeção no futuro. Vamos explicar.

O ideal para todos nós seria que quando tivéssemos uma relação afetiva, a cada palavra, a cada flor, carinho ou carta de amor, deveríamos estar o tempo todo considerando: "o que esta pessoa querida vai pensar se algum dia não estivermos mais juntos neste *status* de casal?"

Querer consertar a sua imagem ou o seu afeto depois que o relacionamento azedar, certamente, não dará mais tempo.

Então, desde agora vamos investir cada vez mais naqueles que podem se tornar nossos futuros "ex" (ex-namorados, ex-cônjuges, ex-amigos, ex-clientes) enquanto eles ainda estão dentro, para que o respeito e o carinho sejam preservados para sempre.

SERÁ QUE PRECISA MESMO TERMINAR?

Todo relacionamento assimétrico tende à desestabilização.
DeRose

Um dia, vi a charge de um casal de velhinhos e a legenda: "Nós somos do tempo em que se quebrasse nós consertávamos, não jogávamos fora." Achei genial! Muita gente simplesmente joga fora se algo não corre bem no relacionamento. Mas é isso que o parceiro vale? Lá isso é amor? Na hora em que algo não sai do jeito que você quer, em vez de acertar os ponteiros você descarta aquele ser que lhe proporcionou tantos momentos lindos, tanto carinho e tanto companheirismo?

Se o amor for verdadeiro, haverá falha grave o bastante para justificar a dissolução? Se o amor é verdadeiro, autêntico, deve ser imorredouro, deve resistir a tudo.

Errar, todos nós erramos. Eu erro feio! Você também erra. Então, supor que o seu príncipe encantado ou a sua princesinha nunca vai errar é muita imaturidade. Vai errar, sim, várias vezes e algumas delas serão situações abaladoras.

Um relacionamento consistente vai se robustecendo à medida que os problemas vão ocorrendo e vão sendo superados. Nesse processo, cada um percebe que, haja o que houver, "nós somos um time". Se quebrou, nós não jogamos fora. Nós consertamos.

Mesmo em situações mais graves como uma traição, se isso for suficiente para devastar um casamento, eu pergunto seriamente: que amor é esse? Não se trata nem mesmo de perdoar. Estamos falando de algo muito maior, mais adulto e mais profundo: estamos falando de **amor**.

"Terminar" um relacionamento

Pois as coisas findas,
muito mais que lindas,
estas ficarão.
Carlos Drummond de Andrade

Concluindo que é mesmo imprescindível não preservar mais o *status* de casal, será que é necessário *terminar* um relacionamento? Não seria mais civilizado evoluir o relacionamento, transmutando-o em uma forma mais sutil, talvez uma oitava acima?

Romper com uma pessoa, com quem compartilhamos tantos momentos de felicidade, tantas alegrias, tantos carinhos, é um ato de violência que desencadeia sofrimento atroz e sentimento de perda para ambas as partes. Então, por que perpetrá-lo?

Já que estamos repensando o relacionamento, para evoluir como pessoas, por que não repensarmos também o momento em que esse mesmo relacionamento precisa de um tempo, ou de uma reciclagem?

Entendo que as pessoas não devam afastar-se, privar-se do convívio de quem lhes deu tanto, apenas por estar numa outra etapa da sua evolução, da sua vida, ou da sua sexualidade. Devemos, sim, preservar esse relacionamento que agora extrapolou os limites da relação homem-mulher (ou qualquer outra) e alcançou patamares excelsos de dois seres que são mais do que casal, mais do que amigos, mais do que irmãos. É fundamental que, ao concluir uma etapa do relacionamento e galgar uma outra, haja muita elegância e consideração.

Ao invés do papelão que tanta gente faz ao se separar, discutindo, agredindo, insultando, que no lugar disso, os dois possam oferecer uma atitude de generosidade, da qual não se arrependerão jamais. Das ceninhas de mesquinharia, certamente, você se envergonharia para sempre.

CONSIDERAÇÃO COM SEU "EX"

Gosto das amizades quando formam pátina.
DeRose

Em alternativas mais vanguardeiras de relacionamento afetivo, tenho presenciado cenas em que o novo casal ***comete*** manifestações de afeto quando o(a) parceiro(a) do seu último relacionamento está presente. Cá entre nós, isso é uma falta de sensibilidade. Não custa comedir suas manifestações de afeto com o novo parceiro, quando estiver na presença do anterior. É uma questão de delicadeza, de elegância, de consideração humana.

Compreendo que o(a) novo(a) parceiro(a) queira mostrar que "agora ele é seu (ou que ela é sua)". Mas é falta de educação. Seja menos bicho e mais gente. Se ele é seu, realmente, você não precisa pregar um *outdoor* na testa dele. Nem na sua! Isso é feio. Muito feio. E magoa, mesmo que já não haja mais nada entre você e o seu ou sua ex.

MOTIVOS PARA SE DESCASAR

Quer conhecer seu/sua namorad@? Case-se com el@.
Quer conhecer seu cônjuge? Separe-se dele/dela.
Autor desconhecido.

Quando eu era criança, ficava perplexo quando assistia no cinema à cena tão comum nos romances, na qual um dos dois namorados ou cônjuges cometia algum ato que o outro reprovava e, em retaliação, o parceiro terminava o relacionamento. Eu matutava: "se eles se amavam de verdade, um deslize não poderia justificar o rompimento. Se a falha de um justificou o rompimento por parte do outro, que amor era esse?"

De fato, a reflexão infantil fazia sentido. Afinal, se o casal tem uma vida plena, feliz, bem construída e os dois se completam, nada, **nada mesmo**, justificaria terminar, por pior que tivesse sido a atitude cometida pelo outro. E muitas vezes o "erro" é alguma coisa perfeitamente tolerável. Afinal, ninguém é perfeito.

Se você optar pela desistência por causa do erro do seu/sua atual, fará o mesmo com o próximo relacionamento e com cada um dos seguintes, transformando a sua vida em uma sucessão de términos e substituições, sem construir nada duradouro.

Então, não haveria motivos para se descasar? Sim, pode haver. Mas os ofendidos jamais devem se escudar em erros perpetrados pelo outro. Os motivos para que duas pessoas deixem de constituir um casal precisam ser mais profundos. Se não se completam mais, se não se amam mais, se não compartilham mais os mesmos ideais, essas sim poderiam ser razões para a mudança de *status quo*.

Existe uma figura jurídica que justifica os divórcios e que se ampara em, simplesmente, "incompatibilidade de gênios". Se não se dão bem, não há porque viver juntos. Eu diria mais: se brigam não devem prosseguir na relação afetiva. Afinal, ela se denomina ***afetiva***.

Há casais que vivem às turras. Ora, se o outro não lhe agrada, se você vive irritado com qualquer coisa que o outro diga ou faça, para quê está com ele ou ela?

É inadmissível um casal que viva brigando. Mais ainda: é inadmissível brigar! Se precisou brigar, talvez esteja na hora de mudar o rótulo.

AS BRIGAS

Em relacionamentos, a matemática é non-sense*:*
some uma pessoa maravilhosa com outra pessoa maravilhosa
e você terá duas pestes.
DeRose

As pessoas acham que brigar é normal. Os casais consideram brigar inevitável. Alguns terapeutas adoram brigas de casal. Defendem que as brigas reforçam e consolidam o amor. Mas tudo isso será mesmo verdade?

No momento em que duas personalidades começam a conflitar-se mutuamente, parece-nos muito mais sensato interpretá-lo como uma indicação de que não deveriam prosseguir no relacionamento. Divergências de opinião, sim, são normais. Mas para solucioná-las não é preciso disputar histericamente, levantar a voz, proferir agressões ou insultos.

Contudo, se os conflitos revelam que o relacionamento não deveria prosseguir, por que as pessoas insistem e continuam juntas, brigando por anos ou décadas? Simplesmente porque, na maior parte dos segmentos culturais, a estrutura social dificulta conhecer, com intimidade, outras pessoas de sexo oposto. Às vezes, terminar um relacionamento que foi tão difícil encontrar, significaria ficar meses ou anos em solidão. Se o indivíduo viver numa estrutura mais conservadora, trocar muito de relacionamento prejudicará sua boa imagem, ainda mais se for do sexo feminino. Pelo mundo afora, em alguns círculos culturais, desfazer um casamento impediria definitivamente o sucesso profissional ou a eleição a cargos públicos.

Por outro lado, as pessoas que se encontram não são tão especiais quanto a imagem que idealizamos do príncipe encantado ou da doce princezinha. Por isso, os simples mortais vão suportando tudo e acabam considerando normal, até porque seus amigos e parentes padecem da mesma situação.

O ideal seria: teve a primeira briga, está na hora de terminar. Ou, se quiser preservar o atual relacionamento, então não brigue. Solucione as divergências sem confronto. É muito simples resolver uma situação potencialmente explosiva. Basta mudar o ponto de vista. Ao invés de partir para a agressão ou cara feia, parta para o carinho, palavras de amor, um chamego e pronto. Ambos relaxam e tem início um círculo de retribuições positivas. Se for mesmo necessário conversar sobre a questão, deixe para mais tarde, quando os ânimos já tiverem se acalmado.

COMO EVITAR BRIGAS

A realidade é uma questão de ótica.
DeRose

Os conflitos entre seres humanos raramente têm um motivo racional. São quase sempre emocionais. E emocionais às raias da insanidade. Começam por causa de uma determinada modulação da voz ou da imperceptível contração de um músculo facial, captado pelo inconsciente instintivo, o qual deflagrará todo um sistema de autodefesa e o humanoide responderá com causticidade.

A partir daí, cada hominídeo se colocará dentro de uma fortaleza e tratará de defender os seus pontos de vista, tentando provar ao outro que está com a razão. O problema é que os dois estarão fazendo a mesma coisa, logo, não chegarão a parte alguma.

A estratégia mais inteligente utilizada pelas pessoas bem-sucedidas é **pensar com a cabeça do outro**. A realidade é uma questão de ótica. Assim que você começar a aplicar esta tática, vai constatar o quanto é fácil não brigar. Usando esse recurso, você não estará sendo inferior ou mais fraco. Pelo contrário, estará dando os primeiros passos na arte de dominar o oponente, fazendo com que não o veja mais como agressor.

Depois que ele não estiver mais na defensiva e o clima emocional for afetuoso, você conseguirá o que quer – sem confrontos!

Os melhores generais foram os que venceram os inimigos sem apelar para o elevado custo das batalhas. Compare o custo/benefício de uma desgastante briga entre pessoas que se amam, a qual poderá durar horas infinitas ou até dias; poderá deixar sequelas como uma mágoa para o resto da vida; poderá comprometer o desejo sexual; poderá até gerar um rompimento definitivo. Compare isso com o poder de estar no comando e descobrir que tipo de carinho, que tipo de fisionomia, que tipo de tom de voz, que tipo de frase, poderia derreter o parceiro e atirá-lo indefeso aos seus pés!

Agora considere: quem é o mais forte, o que confronta ou o que consegue não brigar?

Repressão ou administração de conflitos?

Ser Humano é um animal insano
com breves momentos de sanidade.
DeRose

O que propomos não tem nada a ver com reprimir a raiva. O conceito de administração de conflitos consiste em usar a inteligência em vez da emoção desvairada. Reprimir seria impedir o livre fluxo da emoção destrutiva. Administrar conflitos consiste em não bloquear e sim direcionar, canalizar, sublimar a fim de que as emoções saiam, fluam livres, mas na direção que mais nos convier com vistas a resultados futuros.

Minha juventude foi vivida nas praias de Ipanema e Leblon. Desde meninos, aprendemos a não lutar contra a correnteza. Se a corrente nos pegar, não devemos lutar contra ela, nadando em direção à terra firme. O resultado seria infrutífero e acabaríamos exaurindo nossas forças e morreríamos afogados. Todo bom nadador de mar aberto sabe que se cair numa corrente deve nadar a favor dela, para fora, dar a volta e só depois nadar em direção à praia. Assim é também nas relações humanas e afetivas.

Quando mais novo, meus cabelos eram rebeldes (ainda bem que eram só os cabelos). Durante anos, troquei de cabeleireiro, buscando uma solução, mas todas as tentativas de dominar aqueles fios com vontade própria resultaram frustradas. Até que um dia, um profissional mais velho me disse para não lutar contra os cabelos. Não adianta penteá-los para trás, porque essa não é a natureza deles. Ceda à tendência dos fios e escove-os primeiro para a frente. Depois para baixo. E, só então, para trás. Fiz isso e fiquei perplexo! Os cabelos aceitaram meu comando e se comportaram como eu queria.

Estes dois exemplos têm o objetivo de ilustrar que, para vencer, algumas vezes, é preciso saber ceder. Não é reprimir-se. É saber aplicar estratégia de liderança.

Eu li muito sobre educação de cães. O melhor método para levar o cão a fazer o que você quer é cativá-lo, e não apostar forças com ele, gritar com o coitado e muito menos puni-lo ou bater nele. Em algum lugar escutei a frase: "o homem é um cão com polegar opositor". O treinador estava se referindo a como é fácil induzir um homem a fazer o que a namorada quiser, desde que ela saiba aplicar a liderança do reforço positivo. E também porque os homens, como os cães, não conseguem pensar em mais de uma coisa de cada vez!

Todos queremos estar no controle. Pois a forma mais racional e que proporciona melhores resultados não é fazer jogo duro ou vomitar as emoções atabalhoadamente. Quando você compreende que quem diz o que quer ouve o que não quer, suas palavras e ações passam a ser mais inteligentes.

Imagine uma enorme pedra arredondada, estável na beirada de uma ribanceira. A pedra é o nosso emocional. Enquanto está ali, parada, dá-nos a impressão de que sua estabilidade é perene. No entanto, sua posição é suscetível a rolar morro abaixo. Basta um pequeno toque, talvez com a ponta do seu dedo indicador, para fazê-la perder a aparente estabilidade e descer destruindo tudo. Assim é o nosso emocional.

Por outro lado, se a pedra começar a oscilar, na posição em que se encontra também basta um dedo do outro lado para evitar que comece a rolar. Assim é o nosso emocional.

Apenas um dedo é o suficiente para evitar um desastre, desde que aplicado na hora certa, antes do desencadeamento. Lembra-se da história de Peter, o menino-herói holandês? Ele viu uma rachadura no dique e colocou o seu dedinho para evitar que a força da água aumentasse o orifício e terminasse por romper a barragem. Apenas um dedo, o dedo de uma criança, foi o suficiente para evitar uma tragédia.

Se você conseguir detectar uma ameaça de surto de emocionalidade apenas um átimo antes que ele se deflagre, será muito fácil evitar o chilique, bastando colocar o seu dedo na brecha da represa.

Aprendi isso com a minha *weimaraner*. Os cães, como os humanos, sempre sinalizam no segundo anterior o que pretendem fazer a seguir. Se o seu tutor demora para enviar um comando de derivação, o cão dispara, por exemplo, para atravessar a rua! Mas se o humano percebe um instante antes e dispara o comando "fica" ou "não" ou qualquer outro, o cão, que ainda não começou a ação, obedece.

Por outro lado, se o cão já começou a correr para lançar-se na frente dos carros, não adianta gritar "não", "fica", "junto", "parado". Se a ação já foi deflagrada, é quase impossível interrompê-la[6].

Se você não quiser aplicar repressão, basta dar o comando "vem" e quando ele se aproximar você o recompensa com um petisco. Não tendo petisco, dê carinho e brinque com ele.

Cão ou humano, quando se trata de emoções ambos reagem da mesma forma! Conseguindo evitar o primeiro rompante, é muito fácil administrar o potencial conflito. E o petisco? Pode ser a derivação da sua atenção para algo mais interessante, mais divertido ou mais gratificante. Pode ser uma palavra de incentivo, de elogio, de amizade, um tapinha nas costas, um abraço, um olhar, um sorriso.

Isto se aplica não apenas a confrontos conjugais, mas a quaisquer outros, no trabalho, no trânsito, com amigos, enfim, em todas as situações.

---

6 Com os humanos é a mesma coisa. Por isso, o ditado popular adverte: dou um boi para não entrar numa briga, mas dou uma boiada para não sair dela. Este é o mecanismo da nossa psiqué. A ação precisa ser derivada, distraída, dispersada, antes de se desencadear.

Em termos de custo/benefício, sai muito mais barato assumir um pequeno prejuízo do que entrar em uma pendenga e pagar muito mais caro. Meu amigo Fabiano Gomes, antes advogado de sucesso, hoje Diretor de uma das nossas escolas do DeROSE Method, quando procurado por alguém que queria processar outra pessoa, perguntava-lhe:

– Você quer ter razão ou quer ser feliz?

Se o querelante declarasse que queria ser feliz, o conselho que dava era:

– Então, esqueça isso. Brigar não traz felicidade a ninguém.

E se o briguento dissesse que queria ter razão, então ele aceitava a causa.

No entanto, digo eu, a Justiça é uma mera abstração criada pelo ser humano. Não existe Justiça na Natureza. Nem na nossa Civilização.

Sai mais barato pedir desculpas. Sai mais barato contornar uma briga. Sai mais barato escutar o que você não merece ouvir, e não revidar. Se você conseguir fazer isso sem se reprimir, terá encontrado a pedra filosofal do bom relacionamento humano.

"O PROBLEMA É O EGO"

As grandes brigas são, quase sempre,
devidas a pequenas causas.
DeRose

É o que todos dizem. Sim, o ego quase sempre é o vilão na grande equação nos conflitos humanos. No entanto, o ego em si é uma ferramenta muito boa. A questão é que o ego existe para nos servir e não para nos dominar.

Não queremos acabar com o ego, ao contrário, nosso método de trabalho atua no sentido de fortalecer o ego para poder utilizar sua colossal força de realização.

Sem ego não há criatividade, combatividade, arte ou beleza. E mais: a maioria dos que declaram que o ego é isto, que o ego é aquilo, são hipócritas, porque manifestam muito mais ego que os outros; frustrados, por não conseguir eliminá-lo; ou mal-intencionados por utilizar esse argumento para manipular seus seguidores.

Anular o ego seria como castrar um animal de montaria e depois utilizá-lo, caminhando cabisbaixo, sem libido. Trabalhar o ego equivale a domar e montar um cavalo andaluz "inteiro", fogoso, orgulhoso, com sua cabeça erguida e suas passadas viris. Você prefere montar um pangaré derrotado ou um elegante garanhão?

Castrar o ego seria fácil demais. Domá-lo, isso sim é uma empreitada que requer coragem e muita disciplina. Eliminar o ego corresponde à covardia e fuga perante o perigo. Adestrá-lo denota coragem e disposição para o desafio.

O ego, em si, não é o problema. Tê-lo deseducado, selvagem, incivilizado, criador de casos e de conflitos com as outras pessoas, esse é o grande inconveniente.

Portanto, no lugar de envidar esforços para destruir, vamos investir em algo construtivo. Nada de destruir o ego. Vamos cultivá-lo, com disciplina e a noção realista de que precisamos dele para a nossa realização pessoal, profissional e evolutiva.

A RAIVA PODE SER UM SENTIMENTO POSITIVO

Um dia, eu estava no estúdio da TV Bandeirantes, aguardando o momento da minha entrevista e assisti à que me precedia. A entrevistadora, Xênia Bier, estava entrevistando uma senhora humilde, Dona Cida, que havia idealizado e concretizado o Hospital do Fogo Selvagem, em Uberaba, Minas Gerais.

Em um dado momento, a entrevistadora disse:

– Eu a admiro muito. Você, sendo mulher, negra, pobre e analfabeta conseguir construir um hospital, é preciso ter muito amor...

E a entrevistada disparou:

– Amor nada, minha filha! Raiva!

Esse é um bom exemplo do quanto a raiva pode ser canalizada para uma direção construtiva.

Já está na hora de sabermos converter energias negativas em positivas, como no quadro abaixo:

POSITIVO		NEGATIVO
Amor	*em vez de*	Paixão
Zelo	*em vez de*	Ciúme
Erotismo	*em vez de*	Luxúria
Raiva	*em vez de*	Ódio
Orgulho	*em vez de*	Vaidade
Ambição	*em vez de*	Cobiça
Admiração	*em vez de*	Inveja
Precaução	*em vez de*	Medo
Agressividade	*em vez de*	Violência
Sinceridade	*em vez de*	Franqueza
Prosperidade	*em vez de*	Opulência
Diplomacia	*em vez de*	Hipocrisia
Liberdade	*em vez de*	Anarquia
Disciplina	*em vez de*	Repressão
Proatividade	*em vez de*	Reclamação

Sim, a coluna da esquerda apresenta alguns sentimentos que nossa cultura judaico-cristã considera depreciativamente. Contudo, a raiva constrói. A agressividade educada conduz à vitória. Dessa forma, o erotismo, a raiva, o orgulho, a ambição, a agressividade, todos eles são tratores do sucesso, desde que haja educação.

MENTIRA TEM PERNA CURTA

Há mais de vinte anos, conhecemos um jovem chamado André que era um mentiroso contumaz. Um caso psiquiátrico. Ele mentia compulsivamente, o tempo todo, por tudo e por nada. Todos os dias, chegava atrasado e sempre havia uma desculpa mirabolante. A culpa era sempre dos outros. Até que, um dia, percebendo que esse comportamento não era bem visto desligou-se da empresa em que atuava. O coitado poderia ter tido uma carreira bem sucedida, mas preferiu sair a corrigir seus defeitos.

No Velho Oeste, chamar um homem de mentiroso lhe custaria a vida. O insultado sacaria sua arma e o mataria imediatamente.

Execramos a mentira. No entanto, imagine você sendo torturado pela Santa Inquisição. Se você mentisse, seria poupado dos suplícios. Você mentiria?

Todos concordamos que a mentira deve ser evitada. Todos assumimos que a mentira pode comprometer seriamente um relacionamento. Por outro lado, não podemos ferir uma pessoa sob o pretexto de dizer sempre a verdade verdadeira. Por exemplo, alguém sofre um acidente que lhe esmaga as pernas e atinge seus órgãos internos. Você sabe que essa pessoa está morrendo. Ela olha para você com indisfarçável pavor da morte e pergunta: "Eu vou morrer?" Como você fez voto de só dizer a verdade, o que responderia? "Vai. Você vai morrer. Aliás, já está morrendo. Veja bem, você está com as pernas esmagadas e o abdômen dilacerado. Não tem como sobreviver com o corpo nesse estado." Será que você diria isso? Ou será que responderia: "Você não vai morrer. Fique calmo. O socorro já está chegando. Você vai ficar bom." Às vezes, é uma questão de consideração humana, questão de compaixão.

Juntando tudo, o que precisamos lhe dizer é: se não quiser ouvir uma mentira, não pergunte.

Não pergunte coisa alguma, cuja resposta possa gerar mal-estar, constrangimento, cara feia, discussão, DR (Discutir a Relação).

– Por que você chegou em casa a estas horas?

– Com quem você estava?

– O que você estava fazendo?

Tal como em uma tortura da Santa Inquisição, qualquer pessoa de boa índole, com voto de dizer sempre a verdade, acaba sucumbindo e dizendo qualquer coisa que evite o martírio.

A origem de um conflito não precisa ter sido uma aventura amorosa. A causa de um suplício pode ser uma resposta inocente como: "Eu estava conversando com amigos no café e perdi a hora." Para evitar uma cena novela ao chegar em casa, uma pessoa de bem poderá, perfeitamente, optar pela mentira caridosa e dizer qualquer outra coisa, a fim de não entristecer sua alma gêmea. Nem a sua própria!

Se você ama o seu parceiro ou parceira, não faça perguntas cujas respostas possam gerar desconforto ou mesmo a desunião do casal.

No entanto, que fique claro: tudo o que mencionamos acima não legitima, de forma alguma, a mentira. Mentir é indigno, tanto entre casais, quanto entre amigos e, muito mais, em ambiente de trabalho.

O QUE É FIDELIDADE?

Todas as grandes ideias são perigosas.
Oscar Wilde

Ser fiel é não trair. Trair é mentir, é prometer que não fará uma coisa e fazê-la. Se um cônjuge declara que não vai comer doces para emagrecer e come, isso é traição. Se não foi assumido nenhum compromisso de abstinência com relação a terceiros, o contato íntimo não poderá ser classificado como traição.

Seguindo esta linha de raciocínio, só existe traição se ocorrer violentação de algum compromisso assumido, explícito ou tácito. O casal é livre para buscar a fórmula ideal de relacionamento de acordo com a sua educação, cultura e valores religiosos.

Acontece que mesmo as pessoas mais inteligentes, mais maduras, mais equilibradas, eventualmente, deixam-se sucumbir pelas convenções retrógradas e mentem.

O fato é que não existe fórmula mágica. Nem o relacionamento fechado nem o aberto conseguem eliminar definitivamente os atritos. Na verdade, não é o formato do relacionamento, e sim a atitude dos dois envolvidos o que vai determinar a harmonia, a compreensão e a robustez da união do casal.

Ciúme

"Despreza-se um homem que tem ciúmes da mulher, porque isso é testemunho de que ele não ama como deve ser, e de que tem má opinião de si próprio ou dela."

Frase atribuída a Descartes

O ciúme nada mais é do que a soberba ignorância dos princípios de espaço vital e, na mesma proporção, constituem uma grossciríssima falta de educação para com o parceiro, bem como para com todos quantos sejam vitimados por presenciar a cena, ainda que ela seja apenas uma cara feia. Isso, sem falar nos amigos ou amigas que acabam envolvidos na ridícula ceninha de novela.

Se você quer azedar seu relacionamento afetivo, a receita é infalível. Seja ciumento(a). Ou o relacionamento deteriora e vai cada um para o seu lado, ou acabarão sendo personagens das manchetes policiais.

Ciúme é uma truculência psicológica sem desculpa. Ciúme não é causado pelo amor ao outro, e sim por amor-próprio, amor-a-si-próprio.

O medo de que alguém tome o seu parceiro

Ninguém toma o seu marido ou esposa, namorado ou namorada. Não adianta culpar os outros. Se as coisas não estão correndo bem, é preciso que você invista na pessoa que é tão importante para você, fazendo com que esse ser humano sinta-se feliz ao seu lado.

É você quem afasta o parceiro, deixando que a rotina tome conta da vida de ambos; ou deixando que se instale um clima de brigas e implicâncias; ou cometendo cenas de ciúmes.

Muito fácil é dizer que perdeu a esposa porque um concorrente mais rico ou mais atlético a seduziu. Ou que perdeu o marido porque uma sirigaita mais jovem e insinuante acabou com o casamento do casal. Não é verdade! Ninguém toma ninguém de ninguém. Se a plantinha do amor está bem cuidada, o parceiro pode até sucumbir a uma sedução, mas o casamento não acaba. Pelo contrário. Ao dialogar e compreender, os vínculos ficam ainda mais fortalecidos e resultará daí um relacionamento que ninguém conseguirá destruir.

A ÚNICA PESSOA QUE TEM O PODER DE DESTRUIR O SEU CASAMENTO É VOCÊ MESMO

"Emotionalitas stupidificat."
(A emocionalidade estupidifica.)
Concessão de neologismo latino, by DeRose.

Não tenha receio de que outra pessoa consiga destruir o seu casamento. Ninguém tem esse poder. Só você pode destruir o seu casamento.

Se o seu relacionamento desmoronar, saiba que não foi por causa de nenhum intruso. A relação é que já ia mal das pernas e ruiu sozinha. O intruso, por acaso, estava perto.

O relacionamento, estando bem cuidado no que concerne ao companheirismo, diálogo, compreensão e sexualidade, ficará invulnerável e ninguém conseguirá penetrar sua blindagem.

Imagine um casamento que tenha deixado rachaduras emocionais e de repente aparece uma pessoa na vida de um dos dois oferecendo uma sexualidade avassaladora (ou qualquer outra coisa que preencha a carência). É quase certo que a relação mais antiga vai passar por uma prova, mas não terá sido por obra e graça da sexualidade avassaladora (ou qualquer outra coisa) de quem surgiu e sim pelas brechas existentes.

A sabedoria popular sempre ensinou: no que se refere a casais, a melhor maneira de prender o parceiro é soltar. É infalível? Não. Nada do que dissermos aqui ou que qualquer pessoa diga em qualquer contexto, nada, absolutamente nada, é infalível. Mas se tentar prender, certamente perderá. Seja inteligente.

No filme *Mulheres – Sexo Forte*, eu me deparei com a seguinte frase, dita pela personagem da Candice Bergen à sua filha, Meg Ryan:

"Minha filha, vá viajar e deixe-o com ela por uns tempos. Não há nada como uma *overdose* de amante para fazer o marido valorizar a esposa e voltar correndo."

O OUTRO (OU A OUTRA) SEMPRE LEVA VANTAGEM

Temos que admitir. O outro ou a outra é a pessoa que está sempre de bom humor, sempre sorrindo, sempre concorda com tudo, está sempre a fim de transar, nunca cobra coisa alguma, nunca reclama. É muito difícil competir com esse tipo de adversário. É uma luta desigual!

No entanto, sabendo disso, que tal usar as mesmas armas? O titular ou a titular tem um grande trunfo: é o mais antigo! Está lá há mais tempo. Conhece melhor o campo de batalha. Conhece os pontos fracos e fortes do parceiro. Se o casamento não tiver brechas por onde escoe para fora o afeto, o titular (ou a titular) leva vantagem. O que é preciso, então, para que as armas da outra, ou do outro, não vençam essa batalha?

Simples! Use as mesmas armas! Se o cônjuge estiver sempre de bom humor, se jamais fizer cara feia, jamais fizer DR[7], nunca fizer cobranças, estiver sempre bem disposto, for carinhoso e, acima de tudo, manifestar muito desejo pelo parceiro ou parceira, fica praticamente impossível que "o outro" ou "a outra" leve vantagem[8].

---

7 DR, Discutir a Relação. Mulheres necessitam conversar. Os homens precisam entender isso. Homens odeiam conversar. As Mulheres precisam entender isso. Os meus leitores ganhariam muitos pontos a seu favor se conseguissem ouvir suas parceiras e conversar com elas. Em contrapartida, as leitoras conseguiriam muita harmonia se compreendessem que os homens, às vezes, sentem-se torturados por uma conversa mais longa e seriam capazes de sair correndo e gritando e atirando-se pela primeira janela aberta ou fechada que encontrassem. Não são todos os homens que odeiam conversar. A UNESCO encontrou um no Alaska que adorava discutir a relação com a namorada.

8 É viável, sim, porque eu já tive esta experiência. E durou muitos anos de plena felicidade, companheirismo e respeito.

Quem te ama mais?

Um dia, um aluno me veio com esta piada: "Quer saber quem te ama mais, se é o seu marido ou o seu cão? Prenda os dois no porta-malas do carro durante meia hora e depois abra. Aí, veja a reação de cada um."

Calma! É só uma anedota de adolescentes. De mau gosto? Sem dúvida! Mas é verdade? No fundo, pode ser que seja. Pelo sim, pelo não, prenda o marido no porta-malas do carro só para conferir.

Se você sai de casa, passa da hora e demora muuuito para voltar, sua esposa ou marido, namorada ou namorado, dificilmente receberá você dando pulinhos de alegria, cobrindo você de beijinhos. Dificilmente, vai dizer: "Que bom que você voltou! Te amo tanto! Estava sentindo tanto a sua faltinha!"

Normalmente, qualquer dos cônjuges vai receber o outro de cara feia. Alguns vão questioná-lo e criar uma hecatombe doméstica. Outros vão ficar emburrados e dar "um gelo".

No entanto, qualquer pessoa com conhecimento mínimo de psicologia sabe que receber de cara feia ou com clima hostil gera um reflexo condicionado de que voltar para tal parceiro é algo desagradável. Com a repetição e reforço desse condicionamento, aquele ou aquela que foi vitimado(a) não vai querer mais voltar.

Em contrapartida, "o outro" ou "a outra", geralmente, recebe o(a) atrasado(a) com sorrisos e carinhos. Às vezes, tem até uma comidinha gostosa para oferecer. Claro que não são todos(as) que agem assim. Alguns/algumas começam a agir como proprietário com direitos sobre o parceiro e começam a reclamar, fazer cara feia e cobrar. Esse é o princípio do fim. Na maior parte dos casos, se esperar, o outro se desmorona sozinho. É uma questão de tempo.

A SÍNDROME DO FRUTO PROIBIDO

Está arraigada no mais profundo do nosso inconsciente instintivo a experiência bilhões de vezes repetida ao longo de milhões de anos:

a) um antropoide olha, desinteressadamente, uma fruta;

b) outro primata, enciumado, agarra a fruta e adverte que o primeiro não deve se aproximar dela;

c) a partir daí, por um mecanismo de oferta-e-procura, o primeiro passa a se interessar muito mais pela fruta, pois, se o outro impediu seu acesso a ela, é porque ela deve ser muito suculenta.

Esse erro é sistematicamente repetido por homens e mulheres "*sapiens*", que despertam nos seus cônjuges o interesse por terceiros que passariam perfeitamente despercebidos se ninguém chamasse a atenção.

Tudo o que é proibido ganha interesse. Ação e reação. Ao criar um clima de restrição você pode estar valorizando uma situação, além daquilo que tal circunstância merecia.

Implicar com uma pessoa pode gerar o que chamamos de "fantasma". Muitos maridos e esposas criam fantasmas. Depois, ficam sendo assombrados por ele! O fantasma é uma pessoa que não despertaria maiores atenções, mas ao ganhar relevo no emocional da parte enciumada, impregna-se no cérebro do parceiro e atiça seus hormônios. Pronto: está criado um fantasma!

Ainda que nunca chegue às vias de fato, o fantasma estará sempre rondando na mente dos dois cônjuges. Um, porque teme que o fantasma tome o seu lugar; outro, porque fantasia que tal pessoa deve ser melhor do que o é na realidade, afinal, não a conheceu de verdade.

Agora o cônjuge inseguro criou uma ameaça real. E, ainda que nunca se concretize um contato, na imaginação do parceiro aquela pessoa sempre voltará a assombrar. Como nunca houve uma relação, ou a relação não chegou a ser "gasta" pelo atrito da convivência, aquela pessoa passa a ser um ícone de perfeição. Se o parceiro ou parceira nunca chegou ao contato físico, a imaginação vai pintar essa pessoa como muito melhor do que o quanto ela é na realidade.

Acontece que não existe ninguém perfeito. Ao longe, ninguém tem espinhas. Se ocorrer uma aproximação, a probabilidade é a de que, desgastado o entusiasmo inicial, o pivô do desejo se desvaneça no ar, como qualquer fantasma de respeito o faria.

O Canto do Cisne

Meu coração é um mar tempestuoso
no qual surfo as ondas mentais.
Meu coração é um terremoto subterrâneo,
ele é um vulcão ativo a despejar lava fervente.
Meu coração é uma tragédia grega excruciante,
uma Odisseia sem James nem Joyce.

DeRose

No que concerne ao tema abordado nos subtítulos anteriores, precisamos considerar uma circunstância particular.

Diz a lenda que o cisne branco, mudo durante toda a sua vida, quando vai morrer emite um belo canto, o *Schwanengesang*. Os homens, após uma certa idade, quando sentem que a vida já passou e acham que o seu fim está próximo, sofrem um fenômeno psicológico no qual eles jogam tudo para o alto e são capazes de abandonar a mulher querida, dedicada e leal para se unir a uma outra, que lhes proporcione, talvez, as últimas gratificações sensoriais da sua existência.

Conheço casos de senhores bem intencionados, de bom nome e cargos públicos de respeito em suas cidades e que, de repente, largam a esposa e os filhos, saem de casa e vão morar com outra mulher. A explicação é simples.

Se é um homem idoso, provavelmente seu casamento também é velho. No seu relacionamento afetivo, a sexualidade certamente já está neutralizada. Caso ainda exista, está para aquém de morna. O idoso já não tem a mesma potência sexual da juventude e testemunha o ocaso da sua virilidade. Ele assinaria com o próprio sangue um contrato com Mefistófeles se este lhe prometesse mais alguns dias – apenas alguns dias! – de gratificação sensorial exuberante. Nesse panorama, se surgir uma pessoa que lhe sorria e proponha-se a lhe proporcionar o Canto do Cisne, é natural que o ancião venda a alma ao Diabo. Ele será capaz de desfazer um bom casamento se este constituir obstáculo. Mesmo que suas ações possam destruir sua vida, comprometer seu bom nome, nada importa. Ele se sente como um condenado à morte, de mãos atadas e olhos vendados, caminhando no cadafalso.

Nessa hora, é preciso muito equilíbrio emocional de todos os envolvidos para superar o momento passageiro. O que costuma acontecer é que passados os primeiros entusiasmos a aventura termine tão bruscamente como começou. E na cena seguinte, vemos um cavaleiro-andante voltando para sua dama, aquela que sempre foi e sempre será a sua paixão, a mulher com quem ele construiu uma vida, um amor e uma família.

SERÁ QUE SÓ A MULHER DEVE RECEBER DE VOLTA?

É prova de amor quando alguém aceita de volta um parceiro que se foi e concluiu que fez besteira. Isso de não perdoar não é coisa de gente civilizada. É claro que estamos considerando separações feitas com educação, carinho e elegância. Não estamos declarando que você deva receber de volta pessoas de mau caráter, que tenham protagonizado escândalos ou agressões.

No entanto, se há amor, se um sente falta do outro, se a vida em comum foi boa, se sentir-se-ia feliz em cobrir o outro de beijinhos e carinhos sem ter fim, por que não receber de volta essa pessoa querida? Seja homem ou mulher, não faz a mínima diferença.

E a opinião dos amigos? Isso é o que menos importa. O que conta é a felicidade do casal. Amigos? Amigas? Esses e essas querem mais é ver o circo pegar fogo. Especialmente, se o casal era feliz e, com isso, tiver gerado inveja.

A IMPORTÂNCIA DE RESISTIR À INVEJA

Só os amigos traem.
Os inimigos não podem fazê-lo,
pois não confiamos neles.
DeRose

Se você conseguir um bom relacionamento afetivo com o seu parceiro, o que não vai faltar são os falsos amigos e, principalmente, as falsas amigas que, em conversas íntimas, procurarão descobrir um ponto fraco para inocular ali a sua peçonha. Primeiramente, procure minimizar os pontos fracos. Depois, não deixe ninguém saber quais são eles. Disfarce-os como se disso dependesse a sua própria vida – e ela depende mesmo!

Quanto mais íntimo o amigo, mais perigoso será. Elimine o mau hábito de trocar confidências. Se isso for impossível, que suas confidências sejam pensadas dez vezes – e filtradas outras dez – antes de você entregar de mão beijada a sua vulnerabilidade, ainda que ao seu melhor amigo. E jamais, jamais, desabafar falando mal do parceiro ou parceira.

Quando surgirem os inevitáveis comentários maldosos excretados pelos amigos, dê um *show* de dignidade e mostre-se superior. Mostrar-se superior não é responder com garras afiadas sempre prontas a devolver a agressão. Também não é fingir que não escutou.

Superioridade é deixar vir de dentro aquela estrutura invulnerável e responder no ato com um gracejo tão espirituoso que o futriqueiro sinta-se levemente constrangido pelo comentário, mas acabe rindo, contagiado pelo seu bom humor ao tratar do caso. Isso, sim, é superioridade.

Imagine a situação: sua melhor amiga lhe informa que flagrou o seu parceiro com uma mulher em um *shopping center*. Faça uma cara inesperada pela fofoqueira. Levante as sobrancelhas, abra bem o olhos e num sorriso pergunte:

– Era bonita?

– Era linda, querida.

– Ah! Que bom! Se fosse feia eu iria me ofender.

E rindo, mude logo de assunto. Isso em geral faz com que a boateira perca a força e todos se descontraiam. Mas há algumas que não se dão por achadas e continuam insistindo no mesmo assunto. Nesse caso a saída é dizer, sempre sorrindo, algo como:

– Ôôô! Vá catar coquinhos!

E vire-lhe as costas.

Depois desse *show* de superioridade, não vá engolir o anzol. Não vá se esquecer da razão para ter aplicado essa sofisticada técnica de relações humanas e não vá, mais tarde, brigar com o parceiro.

Em briga de marido e mulher, ninguém deve meter a colher

Os antigos tinham razão ao sintetizar, com a frase acima, o princípio ético que vale como uma apólice de seguro. Sempre que as amigas (os amigos também) se intrometem, acabam se dando mal. No final de tudo, o casal costuma se reconciliar e os que se imiscuíram acabam perdendo a amizade de uma das partes – ou das duas!

Existe gente que gosta de instigar e, em vez de amenizar as emoções da amiga, fica atiçando: "É isso mesmo! Você está com a razão. Homem é assim mesmo!" Ou "É, amiga, acho que vocês precisam se separar." Ou ainda "Eu não admitiria uma coisa dessas." Podemos trocar o gênero destas frases, porque com os homens é a mesma coisa.

No entanto, lembre-se: quem põe lenha na fogueira pode acabar chamuscado.

DeROSE Method

Ondas de choque do DeROSE Method

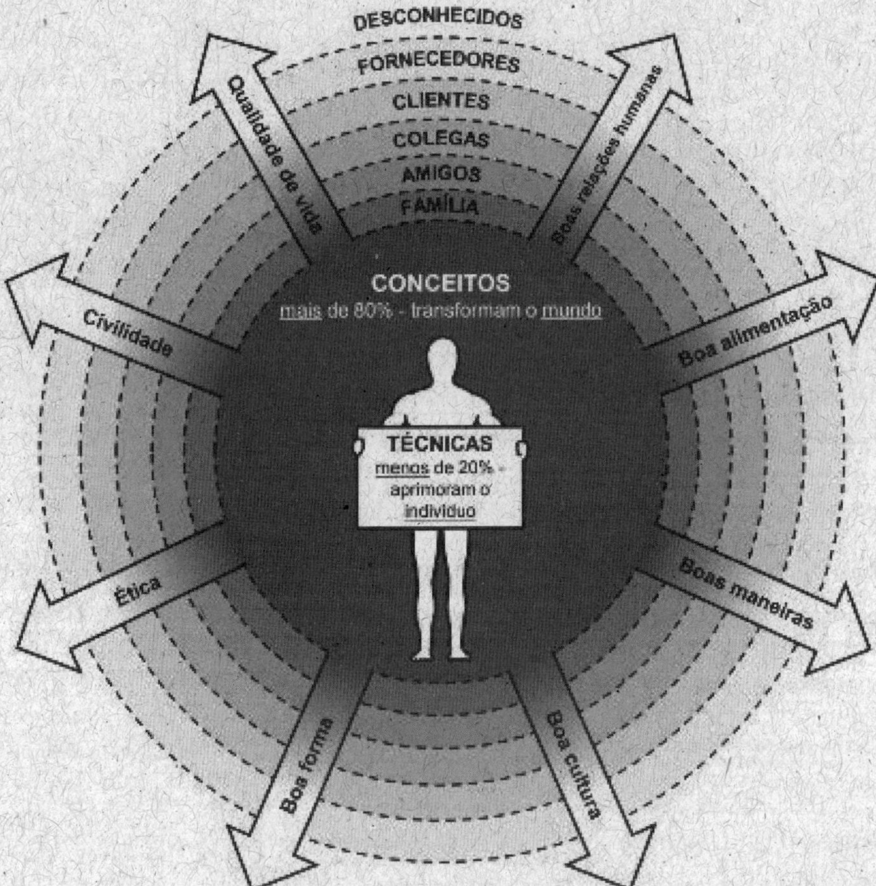

INSTABILIDADE EMOCIONAL

Tem gente que é como os balões:
lindos por fora, mas, por dentro, cheios de vento.
DeRose

Certa vez, Daniel (nome fictício) *ficou* com uma amiga de Blumenau. Convidou-a a vir para São Paulo. Ela veio. Mas, nesse meio tempo, ele havia mudado de ideia! Quando ela chegou não tinha para onde ir. O ogro a deixara na literalmente rua. Como ela deve ter se sentido desamparada! Felizmente, tinha amigos sinceros que a acolheram, os quais a nossa comunidade cultural proporciona aos montes.

Numa outra ocasião, uma jovem chamada Luana começou a namorar um aluno nosso e as coisas iam tão bem que eles, em comum acordo, decidiram morar juntos. Acreditando na palavra da menina, o jovem saiu da casa dos pais e alugou um apartamento, que pagaria com dificuldade. Antes de ir morar com o garotão, ela foi passar o fim de semana na sua cidade de origem. Na semana seguinte, quando voltou, estava com a cabeça virada, não queria mais morar com ele e decidira voltar com o antigo namorado. Coloque-se no lugar do nosso aluno. Você consegue imaginar o que ele sentiu? E o quanto aquela menina caiu no conceito de todos?

Talvez estes sejam casos isolados. A questão é: por que alimentar falsas esperanças, jogando com os sentimentos do outro? O argumento das pessoas que perpetram essa atitude é o de que quando fizeram as juras de amor, elas eram sinceras. Mas, depois, mudou...

Acontece que é exatamente isso que estamos discutindo aqui. "Ah! Mudou, mudou. Tudo muda. Que é que eu vou fazer?" O que é que você vai fazer? Vai crescer, vai amadurecer, antes de maltratar mais gente. É claro que quem comete uma atitude dessas acha que está por cima e que sempre estará. Só pensa em viver o momento e se divertir. Fazer o que lhe dá na telha. Pensa que pode fazer e acontecer porque o mundo gira em torno dele ou dela. Mas o mundo dá muitas voltas e amanhã essa pessoinha há de sentir o amargor de ser tratada da mesma forma. E, nesse meio tempo, terá angariado os ressentimentos de muitas pessoas que adorariam ver a princesinha (ou o "*princesinho*") prejudicada(o).

Há gente que nunca aprende, mas esses vão-se queimando na consideração de todos os amigos. Precisam estar o tempo todo mudando de grupo, sem formar nenhuma amizade sólida. E, quando precisarem de um amigo sincero, não encontrarão nenhum que lhes estenda a mão.

RELACIONAMENTO SEXUAL

O tempora, o mores! (Ó tempos, ó costumes!)
Provérbio latino

Poderia haver uma regra para a conduta sexual, mas que não fosse ditada pela moral? Uma conduta natural, isto é, de acordo com a Natureza?

Em primeiro lugar, vamos entender o que é moral. O termo *moral* provém do latim *mores*, costumes. Ou seja, *imoral* não significa algo intrinsecamente reprovável e sim algo que não faz parte dos costumes daquele lugar, ou daquela época, ou daquela família. As pessoas não estão acostumadas com tal ou qual procedimento e, assim, estranham-no.

Por isso, existe um padrão moral particular para cada época, para cada país e até para cada cidade, cada grupo social, cada religião.

Visitando, na Índia, um templo da religião sikh, o guia pediu-nos que cobríssemos a cabeça, em sinal de respeito. Todos colocaram turbantes ou ao menos panos sobre a cabeça. Dalí, fomos visitar uma igreja católica encravada entre os templos sikhs, hindus, budistas, jainas e parsis. No piloto automático, todos entraram com os bonés e chapéus. Mas, então, o guia pediu que todos descobrissem a cabeça, em sinal de respeito. Afinal, devemos cobrir ou descobrir a cabeça em sinal de respeito?

O que é moral para uma cultura pode ser imoral para outra. A tendência é sempre a de considerarmos que a nossa cultura, a nossa religião, a nossa família é a que tem valores adequados e os demais sejam considerados "diferentes", "estranhos", "engraçados". No entanto, todos concordamos que não manifestar tolerância com outras culturas é incivilidade.

Em 1962 tive um aluno que era general da reserva. Um dia, conversando a respeito deste tema, disse-me ele que, em 1949, fora o primeiro carioca a não usar chapéu como parte da indumentária. Contou-me, indignado, que os transeuntes paravam-no na rua para insultá-lo por essa sua atitude *imoral*. Como poderia um senhor de respeito circular pelos *boulevares* do Rio de Janeiro sem chapéu?

Hoje, achamos isso ridículo, mas cometemos exatamente a mesma atitude em uma constelação de outras circunstâncias, especialmente no que concerne à sexualidade.

É interessante observar que *mores*, em latim, significa *costumes*. Então, haveria uma medida, uma regra, um padrão, que fosse menos sujeito à sazonalidade dos costumes e que pudesse servir de parâmetro universal, fora do tempo e do espaço?

Parece-me que esse parâmetro pode ser detectado facilmente. Se conseguirmos excluir da sexualidade qualquer interferência da moral regional ou temporal, perceberemos que as normas de conduta sexual podem ser as mesmas aplicáveis à alimentação. Inclusive, as especiarias que excitam a mucosa da boca são as mesmas que estimulam a libido. Se você quiser uma orientação natural para o sexo, compare sempre com a alimentação, tanto no que se refere à seletividade quanto à higiene, à etiqueta, ao refinamento.

Uma pessoa é polida à mesa? Provavelmente, sê-lo-á na cama. Como segura o garfo? Come grosseiramente? Já sabemos como faz sexo. Você convidaria qualquer pessoa para almoçar? Quão seletivo você é com relação aos seus parceiros de jantar? Você só está autorizado(a) a fazer refeições com o seu cônjuge ou pode comer com os amigos(as)?

Difícil admitir isso, não é mesmo? E, quanto mais velhos formos, mais árduo será, pois já cristalizamos um padrão de comportamento e tornamo-nos mais intolerantes para com os demais.

Com quem ter relacionamento sexual?

A liberdade é o nosso bem mais precioso.
DeRose

Há algumas décadas, esta pergunta não teria razão de ser. Contato sexual tinha-se com o marido, e olhe lá! Depois, tinha-se com o noivo (na década de 60, quando alguém dizia que estava noivo, todos entendiam que o casal já estava tendo relações sexuais).

Mais tarde, tinha-se com o namorado, mas esperava-se que fosse só com ele. Nos anos 70's, "transar" era uma extensão da amizade: se era amigo, tinha que *transar*, caso contrário, seria uma evidência de que não era tão amigo assim.

Na década de 80, surgiu o conceito de "amizade colorida", a qual, todavia, compreendia uma certa exclusividade, conquanto sem muito comprometimento.

Na década de 90, os adolescentes criaram o conceito de "ficar": hoje ela *fica* com um conhecido, amanhã *fica* com outro, na festa *ficou* com aqueles três. E atualmente, como terá evoluído o comportamento sexual?

Tenho verificado que, hoje, as pessoas de todas as idades estão mais liberadas e, também, mais amadurecidas, mais conscientes, mais assumidas. Agora, a tendência é ter mais estabilidade, mais seletividade, menos parceiros, mais cuidados com sexo seguro, usando preservativos sempre.

Por outro lado, há um consenso de que ter contato sexual é um ato social, para o qual muita gente dá preferência aos amigos. Portanto, nem lá, nem cá. Nem o sexo ficou encarcerado no amor, restrito a uma única pessoa, nem ficou banalizado como há alguns anos, quando a sociedade praticava o chamado *sexo casual*, com pessoas das quais nem se sabia o nome. Hoje, as pessoas dão preferência a usufruir de um intercâmbio com seus amigos, pessoas que elas conhecem e nas quais confiam. Pessoas pelas quais sentem algo, uma forte amizade, carinho, respeito, mas não forçosamente amor romântico. Comparando com paradigmas pretéritos, creio que estamos fazendo progressos.

CUIDADOS COM A SAÚDE

... E no oitavo dia, destruiu Deus o Homem.
DeRose

Nos últimos anos está-se dando bastante atenção ao chamado *sexo seguro*. Bem, seguro, nunca é totalmente. Mas quanto mais cuidados tomarmos, melhor.

O que tornou-se imperdoável é a irresponsabilidade. O termo *promiscuidade* passou a ter outro significado: agora, designa o contato sexual sem os necessários cuidados com a higiene e a saúde, os quais atualmente passaram a fazer parte da boa educação.

Tal procedimento cuidadoso é justificável, pois ser um agente de doenças sexualmente transmissíveis equivale a ser um *serial killer*, espalhando vírus mortais para todo lado.

Do jeito como as pessoas estão bem-informadas, quando corre a notícia de que um rapaz ou uma menina não toma as devidas precauções, ninguém mais quer transar com ele ou ela. Compreende-se. Tal amante expressaria um amor "contagiante" – no mau sentido, é claro!

QUE OPÇÕES TEMOS?

Não importa com quem se case,
você sempre acorda casado com outra pessoa.
Anônimo

Na sociedade judaico-cristã-islâmica contemporânea, só dispomos de, praticamente, uma opção de relacionamento: o relacionamento fechado. Será que a Civilização se desenvolveu durante mais de 10.000 anos com tantas alternativas de governo, de economia, de religião, de filosofia, de tecnologia, mas não conseguiu descobrir outra forma de nos relacionarmos? Claro que sim. Muitas formas foram praticadas em diferentes culturas, ao longo destes milhares de anos. O problema é que, quando uma cultura adota determinado modelo, exige que todos os demais o acatem, desprezando o fato inegável de que cada ser humano tem suas necessidades e limitações individuais, diferentes das dos demais.

Precisamos todos utilizar um modelo único?

Para cada homem há uma verdade diferente.
DeRose

A fórmula mágica da felicidade talvez esteja em respeitarmos a diversidade. Assim como respeitamos a diversidade religiosa e a diversidade étnica, é politicamente correto respeitar a diversidade de preferências sexuais e de formas de relacionamento. Num momento histórico em que mesmo sociedades conservadoras acatam os casamentos homossexuais com direito até a cerimônia religiosa, é um privilégio do cidadão levantar a questão do reconhecimento dos modelos individualizados de relacionamento afetivo.

Como tudo começou

Provavelmente, no paleolítico, o homem vivia em bandos com a supremacia do macho alfa sobre os demais membros do seu clã. Seguindo os exemplos de vários tipos de mamíferos, é possível que esse macho dominante tomasse para si o maior número de fêmeas que conseguisse administrar, cabendo as demais ao resto do bando. Certamente, os procedimentos variavam conforme o grupo, a época e o território.

Nesse período, o Ser Humano tinha um comportamento bastante primitivo, o qual permitia o domínio pela força, como as demais bestas. Mais tarde, com os primórdios da Civilização, surgiram formas diversificadas de relacionamento. Surgiram os dois grandes troncos, matriarcalismo e o patriarcalismo. Dentro deles, os modelos de casamento: monogamia, poligamia etc.

MATRIMÔNIO E PATRIMÔNIO

As semelhanças etimológicas entre estas duas palavras fazem-nos pensar. Estariam, nos primórdios, relacionadas com o matriarcalismo e o patriarcalismo? As acepções atuais atribuídas a esses termos estariam contaminadas pelo patriarcalismo, sistema no qual vivemos?

O fato é que os dois conceitos estão intimamente interligados. As pessoas casam-se e, de certa forma, seus patrimônios amalgamam-se. E não só os delas. Muitas vezes são os patrimônios das famílias que crescem, reduzem-se, comprometem-se. Como o nome também é um patrimônio, ocorrem negociações matrimoniais a partir do quanto vale o nome de cada família.

Negociações, proibições, grandes romances e ainda maiores tragédias, como as que Shakespeare escreveu, são inevitáveis consequências da relação entre matrimônio e patrimônio. Embora, nas grandes cidades, essas forças encontrem-se hoje atenuadas, nas famílias tradicionais ainda constituem barreiras quase intransponíveis.

Também é interessante meditar sobre a necessidade, no passado, de se estabelecerem regras precisas e muito rígidas sobre o relacionamento entre homem e mulher, tendo em vista a descendência e as heranças. Para quem iria o poder constituído pelo patrimônio do nome de família, eventuais títulos nobiliárquicos, bens e terras?

Com tantos valores em jogo, compreende-se que o tema matrimônio tenha sido tratado ao longo da história com tanta intolerância e dramaticidade.

A MONOGAMIA

O mais corrosivo dos ácidos é o tempo.
DeRose

A monogamia foi, originalmente, uma boa ideia. Com ela, equilibravam-se numericamente as populações masculina e feminina, evitando confrontos entre os homens que ficassem sem parceiras. A monogamia ainda oferecia vantagens únicas para aquele período: evitavam-se as doenças sexualmente transmissíveis, para as quais não havia cura, e garantia-se a sucessão tanto genética, quanto de bens e de títulos hierárquicos. Era mesmo uma proposta genial. Tão genial que durou milênios. Um sucesso, indiscutivelmente.

No entanto, o mundo mudou abruptamente nos últimos anos. Meu avô estudava à luz de velas, porque a eletricidade não existia quando ele era criança. Meu pai já estudava sob a luz elétrica. Meu filho, porém, estudou pela Internet, tinha seu computador, seu telefone celular e seu automóvel. No espaço de pouco mais que a idade de um homem, cerca de cem anos, o Ser Humano trocou a tração animal pelo veículo "*auto móvel*", passou a ouvir sons que vinham pelo ar e saiam de dentro de uma caixa chamada rádio, conseguiu se comunicar à distância por um aparelho telefônico, começou a voar num aeroplano de tecido e madeira, conheceu a fotografia, o cinema, a televisão, o vídeo, o computador, voou mais rápido que o som, pisou na Lua e foi a Marte. Nunca, na História, ocorreram tantas mudanças, e tão relevantes, em tão pouco tempo.

Com todas essas metamorfoses tecnológicas, sociais, culturais e econômicas, seria estultícia querer que as pessoas prosseguissem com um modelo de casamento feudal.

Por outro lado, se todas essas revoluções ocorreram no mundo em um lapso tão curto, nosso psiquismo precisa de mais tempo para se adaptar. O que fazer então?

Hoje, os relacionamentos tal como os conhecemos, monogâmicos estritos e fechados, têm demonstrado ser uma fórmula não ajustada à realidade atual, e mais do que isso, fonte de infelicidade, de mentira e de hipocrisia. Uma proporção avassaladora de pretensos monógamos trai sua proposta de manter contato com uma só pessoa. Todos traem, todos sabem, todos negam, todos fingem que acreditam. E assim caminha a Humanidade, aos trancos e barrancos, em direção a um nível maior de lucidez e de honestidade, que deve estar em algum lugar lá no fim do túnel.

Quando conversava com uma amiga sobre esta modalidade comportamental, ela me contou uma anedota que ilustra a atitude das pessoas desse grupo.

O psicanalista perguntou ao paciente:

– Você tem um relacionamento monogâmico?

Ele respondeu:

– Sim, tenho vários.

Estatísticas não são confiáveis, contudo, há um estudo afirmando que apenas 5% dos machos estadunidenses, de fato, observam a monogamia estrita.

Será que vale a pena continuarmos nos enganando?

Monogamia sequencial

Quando oferta liberdade ao outro,
você expande a sua própria liberdade.
Rogério Brant

Tenho testemunhado muita gente declarando que é monogâmica e não compreende ficar com mais de uma pessoa, mas troca de parceiro quase que semanalmente. Convencionamos denominar esse procedimento de monogamia sequencial. Apesar de ser muito comum, não creio que precisemos analisar esta modalidade, pois ela já é bem descritiva por si só.

Poliginia e poliandria

Nunca se explique. Seus amigos não precisam
e seus inimigos não vão acreditar.
Elbert Hubbard

No passado, em diversas épocas, em diversas religiões, praticou-se tanto a poliginia (um marido com várias esposas), quanto a poliandria (uma esposa com vários maridos).

Não me atreveria a recomendar nenhuma das duas opções para os nossos dias. Há tempos, assisti a um documentário em que os mórmons, integrantes de uma religião que permitia ao homem ter várias esposas, declaravam que aboliram essa prática em face dos graves inconvenientes que observaram em termos de convivência com a sociedade cristã ocidental, com as demais religiões do Ocidente (todas monogâmicas) e com a Legislação dos países da Europa e das Américas.

EXISTE UMA OUTRA OPÇÃO?

Toda negação é uma confirmação de relevância.
DeRose

Biologicamente, o Ser Humano não é monogâmico, porém, vivemos em sociedade e não na selva. Criamos toda uma organização social, baseada em sistemas de herança e responsabilidade pelo sustento de família e filhos que, embora esteja obsoleta, ainda é vigente. Em algumas culturas, vigora apenas juridicamente. Noutras é, de fato, necessária.

O importante é que sejamos tolerantes e respeitemos a opção de cada um. Quantos milhões de pessoas têm sido perseguidas e torturadas pela intolerância das maiorias religiosas ou governamentais! Afinal, relacionamento afetivo é assunto privado. A forma pela qual as pessoas quiserem administrar sua família ou um eventual casamento não deve ser invadida pelo poder público.

Assim, consideramos um anacronismo o fato de uma autoridade interferir, autorizando casamentos ou separações dos cidadãos. Contudo, rebanhos e mais rebanhos de cordatos cordeiros simplesmente não questionam isso e seguem pedindo autorização para se casar, tal como o faziam os camponeses aos senhores feudais.

E os relacionamentos devem ser fechados ou abertos? Para cada pessoa há uma solução ideal, de acordo com a sua cultura, educação e lucidez. Depois de observar muitos tipos de relacionamento, parece-me que, para algumas pessoas, a fórmula perfeita seria o relacionamento aberto.

Acontece que isso exige maturidade, civilidade, equilíbrio emocional. E não só de uma, mas de ambas as partes. É esperar demais da humanidade atual. Paciência!

Descubra você qual é a sua fórmula ideal e pratique-a com autenticidade, sinceridade e naturalidade. Vai ver que as pessoas terminam por aceitar e respeitar a sua opção, afinal, a vida é sua. Porém, precisa se assumir. Não apenas nas relações afetivas, mas em tudo na vida é preciso se assumir. Com discrição, elegância e respeito. Essa é a chave da liberdade.

Relacionamento fechado

As virtudes, como as nuvens, ao longe parecem sólidas.
DeRose

Para a esmagadora maioria essa é a única forma admissível e qualquer outra seria um absurdo. Nossa tendência é sempre considerar normal e correto aquilo com que estamos acostumados e imoral, sacrílego, herético o que for diferente da nossa cultura. No entanto, se começarmos a viajar, não para consumir o universo de fantasia da indústria do turismo, mas se viajarmos de verdade, convivendo com os povos que visitarmos, interagindo com o mundo real de cada nação, perceberemos o quanto é mesquinho e tacanho o conceito de que diferente não é gente.

Foi esse conceito que permitiu aos colonizadores invadir outros povos, destruir seus lares, estuprar suas filhas, torturar e matar a população e escravizar seus sobreviventes. Tudo, sem sentimento de culpa, afinal eles eram pagãos, hereges, infiéis, tinham parte com o diabo ou, simplesmente, "não tinham alma", como foi decretado pelos cristãos do século XVI, com relação aos nossos índios.

Só concebemos o casamento fechado e qualquer outra opção é inadmissível. Mas, isso tem trazido felicidade? Se para você a resposta é sim, essa deve ser a sua modalidade de matrimônio. Se a resposta é não, seria mais honesto procurar uma alternativa.

RELACIONAMENTO ABERTO

Obstáculos e dificuldades fazem parte da vida.
E a vida é a arte de superá-los.
DeRose

A primeira alternativa com que nos deparamos é a do casamento aberto. Ele, na verdade, não deixa de ser uma vertente do casamento monogâmico, só que com atenuantes. Ambos os parceiros mantêm uma relação afetiva estável e está muito claro para cada um dos dois que seu ponto de referência no universo é a cara-metade. Entretanto, mantêm relações extraconjugais, o que, na opinião de muitos deles, enriquece o relacionamento e reforça os laços de amor, confiança e honestidade.

No caso do casamento aberto há inúmeras variantes. Poder-se-ia dizer que existem tantas quanto o número de casais, pois cada qual cria suas próprias normas de conduta de acordo com a respectiva cultura.

Há os que concedem o respeito pela liberdade do parceiro, mas não querem saber de nada. "Faça o que você quiser, mas não quero ficar sabendo" é a regra. Outros, ao contrário, só ficam bem se estiverem a par de tudo. "Não me esconda nada, quero saber o que está acontecendo" é a regra para este grupo.

Ao longo de décadas acompanhando vários tipos de relacionamento de alunos e amigos, verifiquei que os casamentos abertos costumam ser mais sólidos. Num casamento fechado, chega o momento em que a novidade acaba e os parceiros já são antigos. Ora, sabe-se que o erotismo alimenta-se muito do elemento novidade. Enquanto os parceiros não "pulam a cerca", as coisas se sustentam com uma aparência consistente. No dia em que uma pessoa nova cruzar o caminho de um devoto do casamento fechado, ele poderá se desestruturar. É o fator novidade. Ficará apaixonado e, como não professa o relacionamento aberto, terá que optar. Muitas vezes optará por uma pessoa menos interessante que seu companheiro e, mais tarde, arrepender-se-á amargamente pela tolice cometida.

Já num casamento aberto, conhecer outras pessoas – conhecer no sentido bíblico – tornará o fato algo tranquilo, ao qual não se dará tanta importância. E, mesmo que tal experiência resulte numa paixonite, o que deve ser evitado, ainda assim o casamento não ruirá, pois poderá ser preservado com tolerância e compreensão, até que se consuma a chama da paixão. Afinal, se é paixão, passará. E nada se compara ao companheirismo, amizade e afeto de um relacionamento antigo. Um bom casamento resiste a tudo. E se não é bom, para quê mantê-lo?

Mas... É possível só nos apaixonarmos se quisermos? Claro que sim. Você só se apaixona se deixar o coração disponível. Se assumir uma decisão madura e equilibrada de não se apaixonar por ninguém fora do seu relacionamento estável, você não se apaixonará. Curtirá, usufruirá, mas não cairá (*to fall in love*) nas armadilhas da paixão.

CASAMENTO SARTREANO

Em terra de cego, quem tem um olho... errou!
DeRose

Ficou célebre o casamento que o filósofo Sartre mantinha com sua esposa Simone de Beauvoir, mulher notável, escritora de uma inteligência raríssima. Para a época, década de 1950, foi um escândalo. Só não teve consequências nefastas porque, não apenas viviam em Paris, como também ambos eram intelectuais – casta à qual concedem-se exceções.

Embora casados e fiéis, moravam separadamente, cada qual na sua casa. Fiéis eles eram, mas usufruíam da óbvia liberdade que o fato de viver em sua própria casa proporciona. Portanto, fiéis de acordo com o conceito de fidelidade que exponho aqui. Foi um casamento bem-sucedido e que serviu de inspiração para legiões.

Muita gente chegou à conclusão de que se as pessoas encasquetassem que queriam casar-se, deveriam, pelo menos, morar separadamente, cada um dono do seu próprio nariz, da sua geladeira, da sua televisão, do seu banheiro e da sua cozinha. Um dia, ela dorme na casa dele. Outro dia, ele dorme na casa dela. Num terceiro dia, se acharem por bem, dorme cada qual sozinho, ou com quem quiser. Se ocorrer um estresse emocional, há sempre a possibilidade de cada um ir para seu próprio lar.

Já imaginou estar no meio de uma briga de casal, aquele drama que não termina, e você não poder dizer: "Querido, vá para a sua casa. Agora eu quero ficar sozinha" ou vice-versa, porque a casa é dos dois e ambos têm o mesmo direito de estar ali? É por isso que mais casais do que você supõe partem para a agressão física como forma de extravasar o instinto territorial, sem o quê tal energia poderia resultar ainda mais perigosa.

O casal novo anseia por poder morar na mesma casa. Logo em seguida, começa a perceber que não foi uma boa ideia. Se a decisão de morar cada um na sua casa não foi tomada antes, agora que já moram juntos, separar pode ter uma conotação de rompimento. Não obstante, com carinho e compreensão talvez consigam esse afastamento físico sem caracterizar uma ruptura.

O RÓTULO É QUE ATRAPALHA

A gente se engaja ao dizer sim,
ao dizer não e quando se cala.
Theodor Herzl

Qualquer vivente com mais de quinze anos de idade já teve a oportunidade de confirmar esse fenômeno comportamental: enquanto a pessoa não galga uma posição de maior hierarquia, manifesta-se muito querida e suas boas qualidades exalam.

No entanto, à medida que esse mesmo indivíduo vai conquistando um patamar mais importante, mais íntimo ou cujo rótulo deva lhe conceder determinados direitos (nem que isso seja só na própria imaginação), sua atitude muda e as garras começam a aparecer discretamente por sob a almofada macia das patas felinas. A máxima que afirma "o poder corrompe", mostra-se verdadeira até no amor!

Descrevendo assim todo o mundo concorda. Mas não sei se compreende exatamente o que estou querendo dizer. Se você prestar atenção, vai notar que aquela pessoa com quem se relacionava sem nenhum rótulo ou compromisso era um doce de tão cordata. Era compreensiva, não fazia cobranças, não reclamava de nada, não saturava o recipiente escrotal. Mas quando essa pessoa (homem ou mulher) foi elevada à categoria de titular, alguns azedumes começaram a transpirar. Você passou a perceber, não sem alguma decepção, que aquele ser humano tinha lá suas mesquinharias. E quanto mais essa criatura for se sentindo dona do pedaço, mais irá tentando impor suas exigências.

Ah! Mas é tão gratificante ouvir uma gracinha, tal como "deixa eu ser sua namorada?" ou "quer ser minha mulher?". Gostoso, sem dúvida, é. No entanto, note que foi introduzido um elemento de posse (sua, seu, meu, minha), que é parte do problema. A outra parte é o rótulo. "Mulher minha não usa essa roupa, não permito!", ou "Essa bovina estava se engraçando com o meu namorado!" e coisas do gênero. Tudo deteriora-se apenas porque há uma posse, um rótulo e um paradigma atrelado a ele.

Existem casamentos em que, antes de se consumarem, os dois são muito amigos. Acabam morando juntos. Tempos depois, para agradar a família – é sempre assim – cometem um casamento. Já estavam morando juntos. Nada mudou. É impressionante! Mas, a partir do casamento "de papel passado", ela muda bruscamente de comportamento e fica careta, possessiva e ciumenta. Ou ele muda e fica machista-leninista. O casamento vai por água abaixo.

Alguns relacionamentos que não dispensavam suas indefectíveis brigas, quando tiveram retirado o rótulo de casamento voltaram a ser harmoniosos e os descasados seguem amigos para sempre. Portanto, independentemente do modelo de casamento adotado, sempre haverá um pronome possessivo (meu, minha) e um rótulo que arrasta consigo n+1 toneladas de expectativas que nos esmagam e sufocam. Por outro lado, conheço muita gente que realizou o casamento tradicional e o está mantendo lindamente há dez, vinte ou sessenta anos. Admiro e respeito isso.

QUAL É O CERTO?

Ninguém erraria se ouvisse os próprios conselhos.
DeRose

Certo é tudo aquilo que lhe trouxer felicidade, bem-estar, ausência de conflitos, tensões ou desgastes para você e para os demais. Certo não tem nada a ver com moral. Algo pode ser certo para determinada pessoa ou grupo de pessoas e, ao mesmo tempo, inadequado para outro indivíduo ou comunidade.

Dessa forma, devo recordar que este livro não tem a proposta de doutrinar ou convencer ninguém de alguma suposta "verdade". Todo o nosso trabalho se caracteriza por não querer convencer ninguém de coisa alguma. Nossas dissertações têm o objetivo apenas de conclamar e acolher aqueles que já pensam da mesma forma e não sabiam que havia mais alguém que comungava as mesmas ideias. Ou, se existiam, onde estavam essas pessoas. Se você é um desses curingas, saiba que não é uma ovelha negra, como os outros costumam tachar. Há muita gente que pensa como você.

Conclusão

É pela ação efetiva que alcançaremos
o que tantos sonharam e não conseguiram
– porque apenas sonharam, mas não agiram.
DeRose

Espero que este livro tenha cumprido a sua proposta: não catequizar para esta ou aquela linha de conduta, mas esclarecer, somar informações e fazer pensar.

Os que pensam livremente, com frequência imaginam-se sozinhos e sem ter com quem compartilhar suas convicções. Às vezes, chegam a achar que estão errados, pois o resto do rebanho os faz sentir-se assim. A partir de então, camuflam tão bem seu comportamento e seus valores que, quando estão ao lado de alguém que pensa da mesma forma, não são reconhecidos. Esse mimetismo, que moderadamente é uma saudável medida de segurança, se não for bem consciente, poderá fazer com que seus semelhantes não se revelem e isso só fará aumentar a sensação de solidão, incompreensão e desajuste cultural.

Certa vez, uma jovem instrutora do DeRose Method, de 18 anos de idade, chamada Lílian, escreveu-me uma linda cartinha, agradecendo pelos conceitos expostos nos meus livros e vídeos, pois devolveram-lhe a autoestima. Dizia, em seu texto, que sempre se sentira como o curinga do baralho e agora havia encontrado um baralho em que todas as cartas eram curingas!

As palavras dela me emocionaram, pois essa é também a minha história. Se esse for o seu caso, você acaba de encontrar a sua tribo.

Caso tenha se identificado com esta maneira de pensar, entre em contato conosco. Somos uma comunidade cultural de gente bonita, educada e de elevado padrão. Não queremos convencer ninguém de coisa alguma, mas gostaríamos de reunir os que já pensam da mesma forma e não são compreendidos.

Eu gostaria muito de receber você em nossa família. Entre no nosso site para conhecer-nos melhor e ver se o conjunto da nossa proposta lhe parece cativante.

DeROSE Method – Al. Jaú, 2000 – São Paulo SP CEP 01420-002
tel. (11) 3081-98321 – www.DeRoseMethod.org.

Ser uma personalidade pública é uma maldição:
implica em que lhe atribuam coisas boas que você nunca fez
e coisas ruins que você jamais faria.
DeRose

HISTÓRICO E TRAJETÓRIA DO AUTOR

Pobre do homem que é conhecido por todos,
mas não se conhece a si mesmo.
Francis Bacon

RECONHECIMENTO PELA

Assembleia Legislativa, Governo do Estado, Defesa Civil, Câmara Mu***nicipal, Exército Brasileiro, Polícia Militar, Rotary, Associação*** Paulista de Imprensa, Câmara Brasileira de Cultura, Ordem dos Par***lamentares do Brasil, ABFIP ONU, OAB etc.***

Comemorando 40 anos de carreira no ano 2000, recebeu em 2001 e 2002 o reconhecimento do título de **Mestre** (não-acadêmico) e **Notório Saber** pela FATEA – Faculdades Integradas Teresa d'Ávila (SP), pela Universidade Lusófona, de Lisboa (Portugal), pela Universidade do Porto (Portugal), pela Universidade de Cruz Alta (RS), pela Universidade Estácio de Sá (MG), pela Universidade Estácio de Sá (SC), pelas Faculdades Integradas Coração de Jesus (SP), pela Câmara Municipal de Curitiba (PR).

Em 2001 recebeu da Sociedade Brasileira de Educação e Integração a Comenda da Ordem do Mérito de Educação e Integração.

Em 2003 recebeu outro título de Comendador, agora pela Academia Brasileira de Arte, Cultura e História.

Em 2004 recebeu o grau de Cavaleiro, pela Ordem dos Nobres Cavaleiros de São Paulo, reconhecida pelo Comando do Regimento de Cavalaria Nove de Julho, da Polícia Militar do Estado de São Paulo.

Em 2006 recebeu a Medalha Tiradentes pela Assembleia Legislativa do Estado do Rio de Janeiro e a Medalha da Paz, pela ABFIP ONU. No mesmo ano, recebeu o reconhecimento do título pela Câmara Brasileira de Cultura, pela Universidade Livre da Potencialidade Humana e o Diploma do Mérito Histórico e Cultural no grau de Grande Oficial. Foi nomeado Conselheiro da Ordem dos Parlamentares do Brasil.

Comendador DeRose recebendo a Medalha da Paz, da ABFIP ONU, em 2006.

Em 2008 recebeu a Láurea D. João VI em comemoração pelos 200 anos da Abertura dos Portos. No seu aniversário, dia 18 de fevereiro, recebeu da Câmara Municipal o título de Cidadão Paulistano. Em março, foi agraciado pelo Governador do Estado de São Paulo com o Diploma *Omnium Horarum Homo*, da Defesa Civil. Neste ano, recebeu também a Cruz da Paz dos Veteranos da Segunda Guerra Mundial, a Medalha do Mérito da Força Expedicionária Brasileira, a Medalha MMDC pelo Comando da Polícia Militar do Estado de São Paulo, a Medalha do Bicentenário dos Dragões da Independência do Exército Brasileiro e a Medalha da Justiça Militar da União.

Em novembro de 2008 foi nomeado Grão-Mestre Honorário da Ordem do Mérito das Índias Orientais, de Portugal.

Em virtude das suas atuações nas causas sociais e humanitárias, no dia 2 de dezembro, recebeu uma medalha da Associação Paulista de Imprensa. No dia 4 de dezembro, foi agraciado com a medalha Sentinelas da Paz, pela A. Boinas Azuis da ONU de Joinville, Santa Catarina. No dia 5 de dezembro, recebeu, na Câmara Municipal de São Paulo a Cruz do Reconhecimento Social e Cultural. No dia 9 de dezembro, recebeu no Palácio do Governo a medalha da Casa Militar, pela Defesa Civil, em virtude da participação nas várias Campanhas do Agasalho do Estado de São Paulo e na mobilização para auxiliar os desabrigados da tragédia de Santa Catarina. No dia 22 de dezembro, recebeu mais um diploma de reconhecimento da Defesa Civil no Palácio do Governo.

Comendador DeRose recebendo a Medalha Marechal Falconière, em 2007. Na foto também estão sendo agraciados o Coronel Ventura, Presidente da Sociedade Veteranos de 32; o Coronel Mendes, do Grande Oriente do Brasil; e o Prior *Knight Grand Cross of Justice* Dr. Benedicto Cortez, da *The Military and Hospitaller Order of Saint Lazarus of Jerusalem*.

Em janeiro de 2009, recebeu o diploma de Amigo da Base de Administração e Apoio do Ibirapuera, do Exército Brasileiro.

Em 2010 recebeu o título de Professor **Doutor *Honoris Causa*** pela Faculdade de Ciências Sociais de Florianópolis.

DeRose é apoiado por um expressivo número de instituições culturais, acadêmicas, humanitárias, militares e governamentais que reconhecem o valor da sua obra e o tornaram o professor de filosofia hindu mais condecorado no mundo com medalhas, títulos e comendas. Contudo, ele sempre declara:

"As honrarias com que sou agraciado de tempos em tempos tratam-se de manifestações do respeito que a sociedade presta a esta filosofia e ao trabalho de todos os profissionais desta área. Assim, sendo, quero dividir com você o mérito deste reconhecimento."

Comendador DeRose recebendo a Medalha Internacional dos Veteranos das Nações Unidas e dos Estados Americanos, em 2007, das mãos do Coronel Lemos.

Comendador DeRose no Museu da Marinha do Brasil, recebendo a Láurea D. João VI em comemoração pelos 200 anos da Abertura dos Portos, em 2008.

Na Câmara Municipal de São Paulo, o Comendador DeRose recebeu o título de Cidadão Paulistano no dia 18 de fevereiro de 2008. Na foto, da esquerda para a Direita, DeRose, o Presidente do Rotary São Paulo Morumbi, Dr. Gianpaolo Fabiano; o Presidente da Ordem dos Parlamentares do Brasil, Deputado Dr. Dennys Serrano; o Vereador José Rolim; o Presidente da Associação Brasileira dos Expedicionários das Forças Internacionais de Paz da ONU, Dr. Walter Mello de Vargas; e o Coronel Alvaro Magalhães Porto, Oficial do Estado Maior do Comando Militar do Sudeste.

O Comendador recebendo em 2005 a medalha comemorativa pelos 25 anos de DeRose em Portugal. Da esquerda para a direita, o escultor Zulmiro de Carvalho, os professores Luís Lopes, DeRose, António Pereira e o Vereador da Câmara Municipal de Gondomar, Fernando Paulo.

Comendador DeRose na solenidade de recebimento da Medalha MMDC, dos Veteranos de 32, em 2008.

Comendador DeRose recebendo a
Medalha do Bicentenário dos Dragões da Independência, em 2008.

Comendador DeRose, recebendo a Medalha da Justiça Militar da União, em 2008.

Comendador DeRose com o Prior *Knight Grand Cross of Justice* Dr. Benedicto Cortez, da *The Military and Hospitaller Order of Saint Lazarus of Jerusalem,* ambos com a Medalha da Justiça Militar da União.

Comendador DeRose, portando o Colar José Bonifácio e outras comendas, com Fernanda Neis, no evento de congraçamento e premiação aos melhores profissionais do ano de 2008, realizado pela Academia Brasileira de Arte, Cultura e História.

Comendador DeRose presidindo a Mesa de Honra no evento de congraçamento e premiação aos melhores profissionais do ano de 2008.

Comendador DeRose recebendo o Diploma de Conselheiro da Academia Brasileira de Arte, Cultura e História.

Comendador DeRose discursando no Palácio do Governo, em 2009, após receber a Medalha da Casa Militar, do Gabinete do Governador do Estado de São Paulo.

Comendador DeRose recebendo a Medalha do Mérito Ambiental, outorgada pelo Major PM Benjamin, Comandante do 7º. Batalhão de Polícia Militar do Estado de São Paulo.

Comendador DeRose discursando novamente no Palácio do Governo, em 2010, após receber a Medalha da Defesa Civil.

O Governador Serra, do Estado de São Paulo, cumprimentando o Comendador DeRose após agraciá-lo com o Diploma ***Omnium Horarum Homo*** pelo "seu comprometimento com a causa humanitária".

Comendador DeRose com o Governador Dr. Geraldo Alckmin, do Estado de São Paulo.

Comendador DeRose recebendo das mãos do Comandante PM Telhada a Medalha da Academia Militar do Barro Branco, em 25 de novembro de 2009. Ao lado, o Prior *Knight Grand Cross of Justice* Dr. Benedicto Cortez, da *The Military and Hospitaller Order of Saint Lazarus of Jerusalem. Atrás,* o Digníssimo Senhor Presidente da ABFIP, ONU, Dr. Walter Mello de Vargas. Perfiladas, outras autoridades.

Comendador DeRose recebendo medalha da OAB
(Medalha Prof. Dr. Antonio Chaves da OAB SP).

Outorga do grau de Grande Oficial da Ordem dos Nobres Cavaleiros de São Paulo, em 29 de janeiro de 2010.

Comendador DeRose recebendo das mãos do Prof. Michel Chelala o Colar Marechal Deodoro da Fonseca, no Polo Cultural da Casa da Fazenda do Morumbi.

Comendador DeRose laureado com o Colar da Justiça Militar, ao lado do Excelentíssimo Senhor Ten. Brigadeiro-do-Ar Carlos Alberto Pires Rolla, agraciado com a Medalha da Justiça Militar.

Comendador DeRose no Batalhão Tobias de Aguiar (ROTA), recebendo a "Medalha Brigadeiro Sampaio, Patrono da Infantaria". À direita, o Desembargador Dr. Júlio Araújo Franco Filho; e à esquerda, o Comendador Carlos Yee, da SASDE.

Comendador DeRose sendo agraciado com o Grão-Colar da Ordem dos Nobres Cavaleiros de São Paulo, no 1º. Batalhão de Polícia de Choque da Polícia Militar do Estado de São Paulo.

Comendador DeRose recebendo a Medalha do Jubileu de Prata da ABFIP ONU (alusiva à Peregrinação a Jerusalém pelos expedicionários do Canal de Suez), sendo cumprimentado pelo General Adhemar, Comandante do Comando Militar do Sudeste, ao lado de Sua Alteza Imperial e Real, o Príncipe Dom Bertrand de Orleans e Bragança, no 8º. Batalhão de Polícia do Exército, em dezembro de 2011. No mesmo dia, o General Adhemar também foi agraciado com a mesma medalha, que leva posta em seu peito.

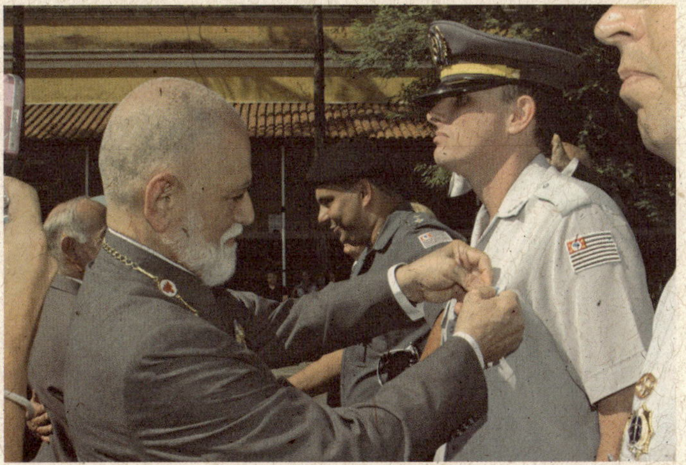

Comendador DeRose condecorando oficiais da Polícia Militar.

No primeiro plano, o Comandante Geral da Polícia Militar do Estado de São Paulo, Coronel PM Alvaro Batista Camilo, cumprimentando o Comendador DeRose no Batalhão Tobias de Aguiar (ROTA), após a outorga da "Medalha Brigadeiro Sampaio, Patrono da Infantaria". Atrás, à esquerda, o Digníssimo Senhor Presidente da ABFIP ONU, Dr. Walter Mello de Vargas, que concedeu a honraria em 16 de junho de 2010.

Comandante PM Coronel Camilo, com o Comendador DeRose

Comendador DeRose quando recebeu a Medalha Marechal Trompowsky, na ROTA. Discursando o General Santini.

Comendador DeRose recebendo o Grão-Colar da Sociedade Brasileira de Heráldica e Humanística conferido pelo Venerável Grão-Prior Dom Galdino Cocchiaro.

Comendador DeRose recebendo na Câmara Municipal de São Paulo o Grão-Colar da Sociedade Brasileira de Heráldica e Humanística, das mãos do Senador Tuma e sob a tutela do Venerável Grão-Prior Dom Galdino Cocchiaro, à direita.

Exmo. Sr. General Vilela, Comandante Militar do Sudeste: Dr. J.B. Oliveira, da OAB; Comendador DeRose, recebendo a Cruz do Anhembi; Vereador Quito Formiga; Prof. Michel Chelala, do Polo Cultural Casa da Fazenda; Exmo. Sr. Coronel PM Alvaro Batista Camilo, Comandante Geral da Polícia Militar do Estado de São Paulo.

Sua Alteza Imperial e Real, o Príncipe Dom Luiz de Orleans e Bragança, Chefe da Casa Real do Brasil, recebeu homenagem entregue por comandantes do 8º Distrito Naval.
Foto publicada no jornal *Mundo Lusíada*, de 12 de outubro de 2011,
http://www.mundolusiada.com.br/wordpress/cultura/marinha-brasileira-e-ihgsp-promovem-cerimonia-sobre-200-anos/.

Dra. Telma Angélica Figueiredo (Juíza-Auditora Diretora do Foro da 2ª. Circunscrição Judiciária Militar) e Comendador DeRose, após descerrarem juntos o quadro que foi oferecido a Sua Alteza D. Bertrand de Orleans e Bragança.

Dr. Geraldo Alckmin, Governador do Estado de São Paulo, com o Comendador DeRose, no Desfile Militar de 9 de Julho, comemorativo à Revolução Constitucionalista de 1932.

Dr. Marcos Carneiro Lima, Delegado Geral de Polícia, condecorando o Comendador DeRose.

Comendador DeRose, Grão-Mestre da Ordem do Mérito das Índias Orientais; Prof. Adilson Cezar, Presidente do Conselho Estadual de Honrarias ao Mérito; e Dr. Alfredo Duarte dos Santos, do Departamento de Inteligência da Polícia Civil .

Comendador DeRose conversando com o Dr.Ives Gandra, prestigiado jurista brasileiro.

Comendador DeRose cumprimentando o Coronel PM Alvaro Batista Camilo, Comandante Geral da Poliícia Militar do Estado de São Paulo, e o Exmo. Sr. Dr. Geraldo Alckmin, Governador do Estado de São Paulo, em solenidade na ROTA.

Comendador DeRose recebendo das mãos do Exmo. Sr. Dr. Geraldo Alckmin, Governador do Estado de São Paulo, a Medalha Comemorativa dos Cem Anos da ROTA.

Exmo. Sr. General Adhemar, Comandante do Comando Militar do Sudeste, cumprimentando o Comendador DeRose por mais uma condecoração recebida. No canto esquerdo, a Profª. Melina Flores, Diretora da Sede Histórica do Rio de Janeiro.

O Excelentíssimo Sr. Governador do Estado de São Paulo João Doria com o Comendador DeRose.

Comendador DeRose com o Grão-Colar de 50 anos
da Sociedade Brasileira de Heráldica e Humanística.

Comendador DeRose ministrando a Aula Magna
após receber o título de Professor Doutor *Honoris Causa*,
em 2010, no Complexo de Ensino Superior de Santa Catarina.

UM ABISMO ENTRE VAIDADE E CONTINGÊNCIA

Estou ciente de que muita gente no nosso meio precisa se pavonear por uma questão de vaidade pessoal. Gostaria que o prezado amigo compreendesse qual é a minha posição perante títulos e condecorações.

Durante 50 anos trabalhei com Yôga. Foram cinquenta anos pugnando pelo reconhecimento e respeito à nossa profissão. Luta inglória, uma vez que do outro lado está a mídia internacional divulgando sistematicamente uma imagem distorcida e fantasiosa.

Desde 1978 tentei a regulamentação da nossa profissão. A de peão de boiadeiro foi regulamentada, mas a nossa foi rejeitada. Desde 1970 vários colegas tentaram fundar uma faculdade de Yôga. Nenhum deles conseguiu que o MEC aprovasse seus projetos. Nesse meio tempo, foram aprovadas faculdades de cabeleireiro e de mais uma porção de profissões humildes. Conclusão: por não ser levada a sério pela Imprensa, nossa profissão, apesar de ser uma filosofia e exigir muito estudo, é situada preconceituosamente abaixo da de cabeleireiro e da de peão de boiadeiro, embora estes sejam respeitáveis ofícios.

Temos profissionais extremamente cultos, sérios e que ocupam posições destacadas na sociedade. Não obstante, se eu for apresentado como Mestre de Yôga, o que se passa imediatamente pela cabeça do interlocutor é que eu trabalhe com religião ou com ginástica. Na sequência, alguém me pergunta se eu fico de cabeça para baixo ou se ponho os pés atrás da cabeça. Ou, ainda, qual é o meu nome verdadeiro. Disparates aviltantes!

Por isso, meu amigo, por uma contingência da profissão, no nosso caso é determinante que contemos com o beneplácito da sociedade na forma de títulos e condecorações. Elas não são incorporadas como artifício para insuflação do ego desta *persona* e sim para implementar reconhecimento à nossa nobre profissão por parte dos poderes constituídos: Governo do Estado, Assembleia

Legislativa, Forças Armadas, ABFIP ONU, OAB, API, entidades culturais, filantrópicas, heráldicas e nobiliárquicas.

Dessa forma, esperamos que os pais dos nossos alunos concedam a eles mais apoio e compreensão quando seus filhos lhes comuniquem que desejam formar-se conosco e seguir a nossa carreira. Uma carreira que tem mantido dezenas de milhares de jovens longe das drogas, do álcool e do fumo. Se para nada mais servisse a nossa filosofia, somente por isto já seria justificável o respaldo da sociedade brasileira e da Imprensa, bem como o apoio dos pais.

Comendador DeRose (ABFIP ONU, SASDE, ADESG)
Professor Doutor *Honoris Causa* pelo Complexo de Ensino Superior de Santa Catarina
Membro do CONSEG – Conselho de Segurança e das seguintes entidades:

ALGUMAS COMENDAS, MEDALHAS E CONDECORAÇÕES COM QUE O COMENDADOR DEROSE FOI AGRACIADO

POR INSTITUIÇÕES CULTURAIS, HUMANITÁRIAS, MILITARES E GOVERNAMENTAIS QUE O TORNAM O PROFESSOR MAIS LAUREADO DO BRASIL

"Aceito essas homenagens porque elas não são para engrandecer o ego de uma pessoa, mas servem como reconhecimento à nossa filosofia pela sociedade e pelas instituições. É a nossa filosofia que está sendo condecorada." DeRose

1. Medalha Tiradentes, da Assembleia Legislativa do Rio de Janeiro.
2. Medalha Internacional dos Veteranos das Nações Unidas e dos Estados Americanos.
3. Medalha da Paz, pela ABFIP ONU.
4. Medalha Marechal Falconière.

5. Comenda da Sociedade Brasileira de Educação e Integração.
6. Comenda do Mérito Profissional, da Academia Brasileira de Arte, Cultura e História.
7. Cruz Acadêmica, da Federação das Academias de Letras e Artes do Estado de São Paulo.
8. Medalha Paul Harris, da Fundação Rotária Internacional.

9. Cruz do Mérito Filosófico e Cultural, da Sociedade Brasileira de Filosofia, Literatura e Ensino.
10. Cruz de Cavaleiro, da Ordem dos Nobres Cavaleiros de São Paulo.
11. Medalha do Mérito Histórico e Cultural, da Academia Brasileira de Arte, Cultura e História.
12. Cruz do Reconhecimento Social e Cultural, da Câmara Brasileira de Cultura.

13. Colar José Bonifácio, da Sociedade Brasileira de Heráldica e Medalhística.
14. Comenda da Câmara Brasileira de Cultura.
15. Medalha de Reconhecimento, da Câmara Brasileira de Cultura.
16. Medalha do 2º. Centenário do Nascimento de José Bonifácio de Andrade.

17. Medalha Ulysses Guimarães, da Ordem dos Parlamentares do Brasil.
18. Medalha da UNICEF da União Européia.
19. Medalha Comemorativa dos 25 Anos do Comendador DeRose em Portugal.
20. Esplendor do Mérito Histórico e Cultural.

21. Medalha Comemorativa dos 200 Anos da Justiça Militar da União.
22. Medalha Brigadeiro Sampaio, Patrono da Infantaria.
23. Láurea D. João VI em comemoração pelos 200 anos da Abertura dos Portos.

24. Medalha do Bicentenário dos Dragões da Independência, do Exército.
25. Medalha do Bicentenário dos Dragões da Independência, do Exército.
26. Cruz da Paz dos Veteranos da Segunda Guerra Mundial.
27. Medalha do Rotaract

28. Medalha Olavo Bilac, da Academia de Estudos de Assuntos Históricos (MS).
29. Medalha do Mérito da Força Expedicionária Brasileira.
30. Medalha MMDC, comemorativa da Revolução Constitucionalista de 1932.
31. Medalha Ulysses Guimarães, da Ordem dos Parlamentares do Brasil (segunda).

32. Cruz do Reconhecimento Social e Cultural.
33. Grão-Colar da Sociedade Brasileira de Heráldica e Humanística.
34. Colar Marechal Deodoro da Fonseca, no Polo Cultural da Casa da Fazenda do Morumbi.
35. Medalha Ulysses Guimarães, da Ordem dos Parlamentares do Brasil (terceira - prata).

36. Medalha Sentinelas da Paz - Batalhão Suez - UNEF.
37. Medalha da Defesa Civil do Estado de São Paulo.
38. Medalha Prof. Dr. Antonio Chaves da OAB SP.
39. Medalha da Casa Militar, do Gabinete do Governador do Estado de São Paulo.

40. Resplendor do grau de Grande Oficial da Ordem dos Nobres Cavaleiros de São Paulo.
41. Cruz do Anhembi, da Sociedade Amigos da Cidade.
42. Medalha Marechal Trompowsky, Patrono do Magistério do Exército.
43. Medalha Solar dos Andradas, da Soc. Amigos do CPOR - Centro de Preparação de Oficiais da Reserva.

Leia agora o livro

Quando é Preciso Ser Forte

Em suas 600 páginas, este livro instrui e distrai com um refinado senso de humor, descrevendo de maneira impecável as boas e más experiências de vida de DeRose no colégio interno, no exército, nas sociedades secretas, na família, nas relações afetivas, relatando viagens, descobertas e percepções proporcionadas por mais de duas décadas de contato com monges nos Himálayas. No texto de **Quando é Preciso Ser Forte** *encontramos passagens que nos fazem dar boas risadas e outras que nos arrancam lágrimas sentidas.*

Você pode adquiri-lo nas melhores livrarias ou pelos telefones:

(11) 3081-9821, 3088-9491 ou 99312-6714.

www.DeRoseMethod.org

MEDITAÇÃO

Para ensinar meditação, é imprescindível que o ministrante tenha experiência prática e anos de adestramento, para que saiba solucionar as dificuldades dos alunos. Prof. DeRose comemora mais de 50 anos ensinando meditação nas universidades federais, estaduais e católicas de quase todos os estados do Brasil, em cursos de extensão universitária, e também em instituições de ensino superior da Europa.

Quanto à experiência pessoal, o Preceptor DeRose já vivenciou estados que se encontram um patamar acima da meditação, algumas vezes na própria Índia, para onde viajou durante 24 anos.

KARMA E DHARMA

Não acha que já está na hora de você tomar as rédeas da sua própria vida? Mudar de destino é muito fácil, se você conhecer as leis que regem o universo. O autor mudou seu destino, pela primeira vez, aos 14 anos de idade. Descobriu como era simples e, pela vida afora, exercitou a arte de alterar os desígnios da sua existência, e ensinou, aos seus alunos, como conquistar o sucesso profissional, a felicidade, a saúde, a harmonia familiar e boas relações afetivas. A vida do autor é o melhor exemplo da eficácia dos seus ensinamentos.

ANJOS PELUDOS - MÉTODO DE EDUCAÇÃO DE CÃES

Muitos humanos tratam seus cães como pessoas da família. Está certo ou errado? Outros tratam cachorro como bicho, mas sob aquela óptica de que animal tem que viver lá fora e não pode entrar em casa. Se fizer frio ou chover, o bicho que se vire, encolhido, tremendo, lá na sua casinha de cachorro alagada e sem proteção contra o vento e as intempéries. Entre os dois extremos talvez esteja você. Certamente, se este livro despertou o seu interesse a ponto de ler este texto, você está mais para o primeiro caso do que para o segundo. Então, é com você mesmo que eu quero compartilhar o que assimilei nos livros, nos diálogos com adestradores, mas, principalmente, o que eu aprendi com a própria Jaya, minha filhota tão meiga.

MÉTODO DE BOAS MANEIRAS

A maior parte das normas de conduta surgiram de razões práticas. Se você conseguir descobrir o veio da consideração humana, terá descoberto também a origem de todas as fórmulas da etiqueta. Tudo se resume a uma questão de educação.

Boas maneiras constituem a forma de agir em companhia de outras pessoas, de modo a não invadir o seu espaço, não constrangê-las e fazer com que todos se sintam bem e à vontade na sua companhia. Por isso, boas maneiras são uma questão de bom-senso.

O melhor deste livro é que sua leitura divertirá e ilustrará bastante. Então, aproveitemos!

Método de Boa Alimentação

O que seria uma "Boa Alimentação"? Sob a ótica de um nutrólogo ou nutricionista, é a que nutre bem. Sob o prisma de um terapeuta, boa alimentação é a que traz saúde, vitalidade, longevidade. No de quem quer emagrecer, é a que não engorda. De acordo com os ambientalistas, boa alimentação é aquela que agride menos o meio ambiente e preserva os animais. Na opinião de um *chef-de-cuisine*, boa alimentação, é aquela elaborada com produtos de excelente procedência, preparados com arte e que resultem em um sabor refinado, bem como uma apresentação sofisticada no prato.

No nosso caso, consideramos como boa, uma alimentação que inclua todos esses fatores. Mas, ao mesmo tempo, que não seja um sistema difícil, nem estranho, nem estereotipado. Precisamos ter a liberdade de entrar em qualquer restaurante ou lanchonete e comer o que nos der mais prazer. Como conciliar isso com o conceito de Boa Alimentação? Isso é o que este livro vai lhe ensinar, de forma simples e descontraída.

Chakras e kundaliní

Para os estudiosos que já leram tudo sobre chakras e kundaliní, esta obra é uma preciosidade, pois acrescenta dados inéditos que se mostram extremamente lógicos e coerentes, mas que não se encontravam em parte alguma, antes desta publicação.

Por outro lado, a linguagem do livro é acessível e torna o assunto muito claro para quem ainda não conhece nada a respeito. Isso, aliás, é uma característica do autor. O escritor DeRose consegue transmitir profundos conhecimentos iniciáticos, com uma naturalidade e clareza que impressionam os eruditos.

De onde DeRose recebeu tantos ensinamentos? E como consegue demolir o mistério que os envolvia, tornando o tema tão simples? Se você tivesse estudado o assunto desde a adolescência, se houvesse se dedicado ao seu magistério durante mais de meio século, se tivesse viajado para os mosteiros dos Himálayas durante 25 anos, é bem provável que também manifestasse a mesma facilidade para lidar com o hermetismo hindu.

CORPOS DO HOMEM E PLANOS DO UNIVERSO

Diversas filosofias abordam este tema, entre elas o Sámkhya, o Vêdánta, a Teosofia, a Rosacruz e muitas outras. Todas procuram esclarecer o leigo a respeito das várias dimensões, nas quais o ser humano consegue se manifestar no atual *status* evolutivo. Para atuar em cada plano do universo, precisamos utilizar um veículo ou "corpo" de substância que tenha o mesmo grau de densidade ou de sutileza da respectiva dimensão. É em um desses corpos sutis que se encontram os chakras e a kundaliní. Neste livro, o escritor DeRose utiliza sua experiência de mais de meio século de ensino para tornar a matéria facilmente compreensível, mesmo ao iniciante mais leigo. Por outro lado, – e isto é uma característica deste autor – apesar de ser compreendido pelos iniciantes, consegue acrescentar muito conhecimento profundo aos estudiosos veteranos e aos eruditos no tema. Este é um dos oito livros menores que foram combinados para formar o ***Tratado de Yôga***, do Sistematizador DeRose

EU ME LEMBRO...

Poesia, romance, filosofia. Como o autor muito bem colocou no Prefácio, este livro não tem a pretensão de relatar fatos reais ou percepções de outras existências. Ele preferiu rotular a obra como ficção, a fim de reduzir o atrito com o bom-senso, já que há coisas que não se podem explicar. No entanto, é uma possibilidade no mínimo curiosa, que o escritor DeRose assim o tenha feito pelo seu proverbial cuidado em não estimular misticismo nos seus leitores, mas que se trate de lembranças de eventos verídicos do período dravídico, guardados no mais profundo do inconsciente coletivo. Disponível em papel e em **audiobook** na voz do autor.

TERMINANDO DE LER ESTE LIVRO, QUE TAL PRESENTEÁ-LO AO SEU MELHOR AMIGO?